John B. Keane
Whiskey für alle

W0108972

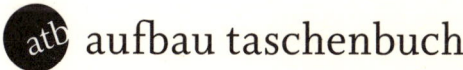
atb aufbau taschenbuch

JOHN B. KEANE wurde 1928 in Listowel in der irischen Grafschaft Kerry geboren. Hier verbrachte er die meiste Zeit seines Lebens, führte mit seiner Frau Mary das Familien-Pub, verfasste 46 Bücher, und hier verstarb er 2002. Keane gilt als einer der beliebtesten Dramatiker Irlands und ist heute als Bühnenschriftsteller, Romanautor und Verfasser humorvoller Kurzgeschichten eine irische Legende. Mehrere seiner Werke wurden verfilmt.

Im Aufbau Verlag erschienen bisher »Whiskey für den Weihnachtsmann. Irische Weihnachtsgeschichten« (2000 und 2011) und »Prost Weihnachten. Irische Weihnachtsgeschichten« (2001 und 2012).

Ein Ire aus Amerika, der hofft, in Irland endlich die für ihn bestimmte Frau zu finden; ein Ladenbesitzer, der bis ins reife Alter abends am Fluss unterm Ahornbaum auf die Frau seiner Träume wartet; ein kleines Mädchen, welches das Leben eines Postboten völlig verändert. Liebenswerte Sonderlinge auf Brautschau; Eheleute, die sich mal lieben, mal hassen und doch den Alltag gemeinsam meistern; kauzige, hart arbeitende und äußerst trinkfeste Bauern – von ihnen erzählt John B. Keane in seinen heiteren, liebenswerten und besinnlichen, auf jeden Fall sehr irischen Geschichten.

John B. Keane

Whiskey für alle

Geschichten
von der Grünen Insel

*Aus dem Englischen
von Irmhild und Otto Brandstädter*

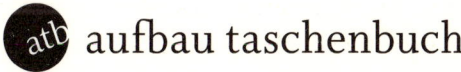 aufbau taschenbuch

Die Originalausgabe unter dem Titel
The Short Stories of John B. Keane
erschien 1997 bei Mercier Press, Cork.

MIX
Papier aus verantwor-
tungsvollen Quellen
FSC® C083411

ISBN 978-3-7466-2838-7

Aufbau Taschenbuch ist eine Marke
der Aufbau Verlag GmbH & Co. KG

1. Auflage 2012
© Aufbau Verlag GmbH & Co. KG, Berlin 2012
© John B. Keane, 1997
Umschlaggestaltung Mediabureau Di Stefano, Berlin
unter Verwendung eines Motivs von getty-images
Satz LVD GmbH, Berlin
Druck und Binden CPI – Clausen & Bosse, Leck
Printed in Germany

www.aufbau-verlag.de

Inhalt

Garantiert rein

Willie Ramley war von dem Wunsch beseelt, eine Jungfrau zu ehelichen, und aus eben diesem Grund hatte es ihn nach Irland getrieben. In einem Lokal in New York hatte ihm ein Mann mit einem unverkennbar breiten irischen Akzent vorgeschwärmt, dass es in Irland derart verheißungsvolle junge Mädchen zuhauf gäbe.

»Woher soll ich wissen, dass es eine Jungfrau ist?«, hatte Willie Ramley gefragt.

»Das wirst du schon merken«, hatte ihn der Mann beruhigt.

»Aber wie?«

»Du kannst dich auf mein Wort verlassen«, hatte der Mann gemeint, »es wird sich dir zur rechten Zeit offenbaren.« Mehr gab er nicht preis.

Willie war nun schon gute sechs Wochen in Irland, doch offenbart hatte sich ihm nichts. Kreuz und quer war er durch das Land gereist, aber keins der Mädchen, das ihm begegnete, hatte seinen Vorstellungen entsprochen. Und als er eine nach ihrer Jungfräulichkeit gefragt hatte, hatte die ihm einen Schlag verpasst, der den Goldenen Handschuh für einen Mittelgewichtler gerechtfertigt hätte. Er ging in sich und überdachte den Rat, den ihm der Mann in New York gegeben hatte.

»Es wird sich dir offenbaren«, hatte er gesagt. Es war am späten Abend des Heiligenfestes von Patrick gewesen. Unter den Stammgästen der Lokalität galt der Mann mit dem irischen Akzent, dessen Namen er vergessen hatte, als eine Art Seher. Sie behandelten ihn als etwas Besonderes, stellten ihm immer mal wieder ohne ersichtlichen Grund einen doppelten Whiskey hin, wahrscheinlich nur, um sich seiner Gunst zu versichern. Wie die Unterhaltung eigentlich begonnen hatte, wusste Willie nicht mehr. Er konnte sich nur noch daran erinnern, dass er vor dem Menschen seine ganze Lebensgeschichte ausbreitete, die mit einem tragischen Kapitel geendet hatte. In allen unerquicklichen Einzelheiten hatte er geschildert, wie er von seiner letzten Geliebten hintergangen worden war. Der Seher hatte ihm eine Hand auf die Schulter gelegt, ihn eindringlich angesehen und ihm mit der anderen Hand ein unberührtes Glas Whiskey gereicht.

»Trink«, hatte er gesagt, »und hör gut zu, was ich dir jetzt erzähle.«

Willie tat, wie ihm geheißen.

»Du siehst vor dir einen Mann, der einmal in dem gleichen Dilemma steckte wie du«, hatte der Seher verkündet. »Mein Gesicht ist voller Falten, und mein Haar ist ergraut, aber auch ich war einst ein strahlender Jüngling, den es nach Lieben und Leben dürstete. Das graue Haar und all die Falten sind das Ergebnis einer bitteren Erfahrung. Ich darf deshalb einem so jungen Burschen wie dir einen Rat geben, und du darfst das nicht als Belehrung verstehen.« Mit diesen Worten hatte er sich eine Träne aus dem Auge gewischt und ihm ein zweites Glas Whiskey gereicht.

»Wart mal«, hatte Willie gesagt, »lass auch mich für dich einen zahlen.«

»Kommt nicht in Frage«, hatte der Mann abgewehrt. »Alle, die mich hier freihalten, haben auf die eine oder andere Weise von meiner Weisheit profitiert. Sollten wir uns wieder einmal begegnen und mein Rat hat sich für dich als vorteilhaft erwiesen, nehme ich gern ein oder zwei Glas Whiskey als Gegenleistung an, aber jetzt betrachte die gefüllten Gläser vor dir als eine Geste von mir.«

Willie hatte nur genickt, darauf bedacht, den Wortfluss des äußerst großzügigen alten Gentleman nicht mit flüchtigem Dankesgerede zu unterbrechen.

»Als ich so alt war wie du, stürzte ich mich Hals über Kopf mit dem erstbesten hübschen Mädchen in den heiligen Stand der Ehe«, vertraute ihm der alte Weise an. »Folgerichtig erwies sich die Verbindung als ein Fiasko. Sie dauerte ganze drei Wochen. Keine sechs Monate später war ich ein zweites Mal verheiratet, und als auch diese Ehe schiefging, sogar nicht mal so lange hielt wie die Erste, schwor ich mir, nie wieder zu heiraten. Geholfen hat es nichts. Eh ich mich versah, war ich wieder verheiratet. Du siehst, mein Junge, ich tauge nicht zur Ehe, sie hat mir nichts als Leid und Kummer gebracht. Siebenmal habe ich es versucht, und siebenmal bin ich gescheitert.«

Hier war der Punkt gekommen, da Willie Ramley das Gefühl hatte, sich erklären zu müssen. »Ich würde nur einmal heiraten«, sagte er.

Der Seher wollte schon eine bissige Bemerkung

machen, aber irgendetwas im Auftreten des jungen Mannes hielt ihn davon ab. »Ich kann dich gut verstehen«, sagte er stattdessen, »doch nur einmal zu heiraten könnte sich schwieriger erweisen, als du denkst.«

»Das ist mir schon klar«, erwiderte Willie, »aber ich bin guten Mutes.«

Wieder legte der Weise dem jungen Mann die Hand auf die Schulter. »Dann musst du doppelt achtsam sein.«

»Bitte, gib mir einen Rat«, bettelte Willie. »Ich bitte dich inständig, rate mir, ehe es zu spät ist, allzu rasch gehen die Jahre dahin, und ich möchte nicht allein und verlassen dastehen.«

»Du solltest Folgendes tun«, hob der Seher mit großem Ernst an. »Begib dich nach Irland, dem geheiligten Flecken Erde, den meine Mutter, Gott hab sie selig, verließ, um in diesem weniger tugendhaften Landstrich eine Bleibe zu finden. Sie war wahrhaftig ein Engel, wenn es denn solche außerhalb der himmlischen Gefilde überhaupt gibt.« Hier machte der Seher eine Pause, um wohlgefällig von einem dankbaren Kunden ein Glas des bekömmlichen Trunks anzunehmen.

»Rein, wie du selbst bist«, fuhr der Weise fort, nachdem er sich mit einem Schluck gestärkt hatte, »musst du nach einem Wesen gleicher Reinheit Ausschau halten.«

Willie nickte eifrig. Sein ganzes Fühlen und Sein sagte ihm, dass er es mit einem echten Allwissenden zu tun hatte.

»Lass dich nicht von dem ersten hübschen Gesicht betören«, riet ihm der Alte, »auch nicht von einer koketten Maid, selbst wenn du denkst, sie sei die Erfüllung deiner Träume. Übe dich in Geduld, und du wirst auf das richtige Mädchen treffen. Sie wird etwas an sich haben, etwas ihr ganz Eigenes, was sie von allen anderen unterscheidet. Und dieses Besondere wirst du auf Anhieb bemerken, wie Schuppen wird es dir dann von den Augen fallen, es wird so sonnenklar sein, als wäre es ihr auf den Rücken geschrieben. Also geh deinen Weg, lass dich durch nichts beeinflussen. Verfolge beharrlich dein Ziel und bleibe deinem Ideal treu, dann wird sie dir so, wie ich es angedeutet habe, erscheinen.«

Der Weise machte mit beiden Händen eine schwungvolle Geste und gab so zu verstehen, dass er am Ende seiner Rede sei. Willie Ramley verließ die gastliche Stätte und bewegte wochenlang die weisen Ratschläge in seinem Herzen. Schließlich kam er zu dem Entschluss, nach Irland zu reisen, und hier befand er sich nun und war nach sechs Wochen in seinem Sehnen und Verlangen genau so weit wie am ersten Tag, als er den Fuß auf die Grüne Insel gesetzt hatte. Ihm blieben gerade noch zwei Wochen, und langsam überkamen ihn Angst und Verzweiflung, ob sich sein Traum je erfüllen würde. So sehen wir ihn denn an einem hellen Nachmittag im Monat Juni niedergeschlagen auf einem Büschel Strandhafer sitzen, wie er versonnen über die endlose Küste von Ballybunion schaut.

Über ihm kreischten die Seemöwen in der würzig duftenden Seeluft, und um ihn herum vergnügte sich die Menschheit, als könnte es keinen schöneren Tag geben. Die Älteren wateten im flachen Wasser, junge

Männer gingen tollkühn auf Eroberung aus und beobachteten das weibliche Geschlecht mit prüfendem Blick. Kleinstkinder patschten in den sanft heranspülenden Wellen herum, und die etwas größeren Jungen und Mädchen bauten mit Schaufel und Spaten unermüdlich ihre Sandburgen. Ein sonnengebräunter Rettungsschwimmer überwachte das bunte Treiben. Kurzum, alle waren glücklich und zufrieden, nur Willie Ramley nicht.

Er war es überdrüssig, auf ein und demselben Fleck zu sitzen, und machte sich in den Ort auf, wo er in einer der gerühmten Wirtschaften ein erfrischendes Getränk zu sich nehmen wollte. Gedankenverloren schlenderte er durch die Straßen und schubste mit den neu erworbenen Sandalen leere Zigaretten- und Streichholzschachteln vor sich her. Fast wäre er dabei unter einen Bus geraten. Nur dem Aufschrei eines Passanten hatte er es zu verdanken, dass er heil davon kam. Er erhaschte gerade noch einen Blick seiner Wohltäterin, einem jungen Frauenzimmer, die ihr durchaus hübsches Gesicht sofort von ihm abwandte, als sie seine Augen auf sich gerichtet fühlte. Mit sich uneins, blieb er einen Augenblick vor der Tür eines beliebten Lokals stehen. Er musste an die Worte des Sehers denken und entschloss sich, es nicht bei der flüchtigen Begegnung zu belassen. Längst war die junge Dame entschwunden, doch er glaubte in ihr eines der Mädchen aus einer Gruppe erkannt zu haben, die auf dem Weg zum Strand gewesen waren. Raschen Schrittes strebte er voran und stieß tatsächlich auf die gesuchte kleine Schar. Es waren ihrer fünf. Er folgte ihnen, hielt allerdings diskret Abstand, wollte er doch den Bogen nicht überspannen und seine Chancen verspielen. Die Gruppe stieg etliche Steinstufen hinab, an deren Ende unten am Strand altersschwache Badekarren standen. Nach kurzer Verhandlung mit dem Besitzer begaben sich die fünf in jeweils einen der auf verrosteten Rädern stehenden Holzverschläge.

Willie Ramley merkte sich genau den Karren, in dem seine angebetete Schöne verschwunden war. Es blieb ihm nichts anderes übrig, als abzuwarten, bis sie wieder herauskam. Ein seltsames Gefühl bemächtigte sich seiner, eine Mischung von Erregung und Erwartung. Er vermutete in den fünfen Mädchen vom Lande, schloss das aus ihrer Art, wie sie sich unterwegs und dann am Strand umgeschaut hatten. Auch ihre einfache Kleidung und ihr ganzes Gehabe ließ die Schlussfolgerung zu, dass sie Töchter der heimatlichen Scholle waren. Mit einer keuschen Gewandung hatte er zwar gerechnet, aber auf den Anblick, der sich ihm bei ihrem Heraustreten aus den Badekarren bot, war er nicht gefasst gewesen. Jede der fünf war in ein langes Hemdkleid gehüllt, das bis auf die Zehen reichte und jede Spur von Figur verhüllte. Die Hemden waren aus leichtem Material, die Farbe eine Art schmutzig-weiß. Was Willie Ramley nicht wissen konnte, war, dass es sich bei diesen langen Gewändern um die übliche Badebekleidung der Leute vom Lande handelte. Sparsame Geschöpfe, die sie waren, gingen diese genügsamen Mädchen nicht in Warenhäuser, um Stoff für Unterwäsche oder Badebekleidung zu erwerben. Das Mehl für das tägliche Brot wurde im allgemeinen in Kattunsäcken mit einem Fassungsvermögen von einem Zentner geliefert. Die leeren Säcke wurden sorgfältig gewaschen und getrocknet und dann zu Hemden, Schlüpfern oder Hemdhosen verarbeitet, auch zu Fußballklamotten und Bettwäsche. Zwar mochte das städtische Volk am Strand die so bekleideten Frauen vom Lande amüsiert zur Kenntnis nehmen, würde es sich aber nie anmerken lassen. Unter Umständen lag das daran, weil so mancher selbst aus einer ländlichen Familie stammte.

Obwohl den Hemden jeglicher Schick fehlte, machten sie etwas her; stolz erhobenen Hauptes bewegte sich die Gruppe in wohl geordneter Formation hinunter zum Strand und ließ sich nicht im Geringsten davon beeindrucken, was andere über sie denken mochten. Ihre Anführerin war eine Achtung gebietende Person mittleren Alters mit Adlernase, vollbusig, groß und breitschultrig. Haltung und Gebaren deuteten darauf hin, dass sie in dem unwahrscheinlichen Fall eines Angriffs sich und ihre Schützlinge zu verteidigen wusste. Die anderen vier waren entschieden jünger, noch keine zwanzig oder gerade darüber, und Willie schlussfolgerte nicht zu Unrecht, dass die Matriarchin allem Anschein nach die Mutter war. Sittsam schritten sie hinter ihr her, ohne nach links oder rechts zu gucken. Das Mädchen, das Willies Kollision mit dem Bus verhindert hatte, ging als Letzte. Keine Frage, unter dem sackartigen Hemd verbarg sich ein Körper, wie er ihn sich in seiner Phantasie nicht schöner ausmalen konnte. Am Wasser angelangt, marschierten sie im Gänsemarsch bis zu einer menschenleeren Stelle. Dort gab die Matrone ein Zeichen, die jungen Mädchen wagten sich in das Wasser, hüpften und sprangen und kreischten, bis sie sich schließlich an die kalten, sie sacht umspülenden Wellen gewöhnt hatten. Unter dem wachsamen Auge ihrer Hüterin drehten sich dann alle vier zum Horizont, hoben vorn ihre Hemden und bespritzten den entblößten Teil ihres Körpers mit dem wohltuenden Meereswasser. Die Matrone selbst ging nicht einmal mit den Füßen ins Wasser, begnügte sich mit ihrer Rolle als Glucke, strafte den Neugierigen mit einschüchternden Blicken oder reckte auch mal drohend die Faust. Sowie die Mädchen genug hatten, ließen sie wieder keusch die Hemden herunter und kehrten dem Horizont den Rücken zu. Das Spiel wiederholte sich, bis die Hüterin der Ansicht war, dass alle gebührend gebadet hatten. Dann ging es im Gänsemarsch stolz und doch anmutig zurück. Willie versuchte, sich näher heranzupirschen. Betont lässig ging er ihnen entgegen, den Mund wie zum Pfeifen gespitzt, und gab sich als harmloser Feriengast, der nur mit sich beschäftigt war. Vorsichtig umkreiste er die Matriarchin, die ihre Brut zu den Badekarren führte. Dabei war er bemüht, mit der Gruppe Schritt zu halten und hinter ihnen zu bleiben, sodass er die Dame seiner Wahl im Auge behalten konnte. Für den Bruchteil einer Sekunde trafen sich ihre Blicke, und schon war es um ihn geschehen. Dennoch rief er sich den Rat des Sehers ins Gedächtnis: »Lass dich nicht von einem hübschen Gesicht betören.«

Doch diese junge Dame hatte nicht nur ein hübsches

Gesicht. Das war eindeutig. Als er ganz dicht hinter ihr war, las er das Wort »*Sonnenaufgang*«, das in verschossenen roten Buchstaben auf den Hemdrücken gedruckt war. Natürlich konnte Willie Ramley nicht ahnen, dass es sich dabei um den Markennamen einer bekannten Mehlsorte handelte, die in ländlichen Kreisen sehr beliebt war. Der Name prangte in Großbuchstaben, und darunter war ein längeres Schriftband in ausgeblichenem Schwarz und in Kursivdruck.

Er musste unbedingt herausbekommen, was da stand, und wagte sich näher heran, bis er die Buchstaben entziffern konnte. »*Hundert Pfund*«, las er, »*Garantiert rein*«.

Er sprach die Worte immer wieder vor sich hin, und erst, als das Objekt seiner Begierde in der Umkleidebude verschwunden war, ging ihm die volle Bedeutung der Buchstaben auf. Er hatte den weisen Spruch des alten Mannes vor Augen. Was hatte er doch wiederholt gesagt? War es nicht etwas ganz Eigenes, etwas Besonderes, was ihm an seiner Zukünftigen auffallen würde? Wie genau waren die Worte gewesen, mit denen er das beschrieben hatte? Ganz langsam kehrten sie ihm ins Gedächtnis zurück.

»Und dieses Besondere wirst du auf Anhieb bemerken, wie Schuppen wird es dir von den Augen fallen, es wird so sonnenklar sein, als wäre es ihr auf den Rücken geschrieben.« So oder ähnlich hatte er gesagt. Weiteren Aufschluss über den Charakter des Mädchens brauchte er nicht. Ungeduldig wartete er auf ihr erneutes Erscheinen.

Für den Rest seines Urlaubs blieb sein Tagesablauf von einem beharrlichen und aufrichtigen Ansinnen bestimmt. Egal, ob morgens, mittags oder abends, er wartete auf sie. Seine unbeirrte Hingabe beeindruckte die Mutter des Mädchens, und als es Willie schließlich gelungen war, der jungen Dame ein ›Ja‹ abzuringen, gab die Mutter ohne Zögern ihr Einverständnis, und es wurde geheiratet. Die Flitterwochen verbrachte man, wie nicht anders zu erwarten war, in Ballybunion. In der ersten Nacht, die zu einer höchst beglückenden Vereinigung führte, präsentierte sich die sittsame Braut in ihrem bloßen Sackhemd mit dem schon bekannten Aufdruck auf dem Rücken: »*Hundert Pfund. Garantiert rein*«. Eins aber muss an dieser Stelle gesagt werden – noch nie hatte die Reklame für ein Produkt so der Wahrheit entsprochen wie in diesem Fall.

Auf Treu und Glauben

Die Brüder Fly-Low wohnten in einem alten Bauernhaus. Es lag auf einem kahlen Hügel und gab den Blick frei auf Schilfrohr und Felder. Tom Fly-Low war der Älteste von den dreien, dann kam Billy und schließlich Jack, der Jüngste.

Fly-Low war natürlich ein Spitzname. Mit richtigem Namen hießen sie Counihan. Mit dem wurden sie aber nur genannt, wenn der Gemeindepfarrer die Liste seiner Schäfchen durchging, und das geschah nicht öfter als alle fünf Jahre.

Im Jahr 1940 flog ein Aufklärungsflugzeug im Tiefflug über das Anwesen der Brüder. Sie waren gerade auf der Wiese beim Heuwenden. Als sie das Flugzeug gewahr wurden, war das Staunen ob des eindringenden Besuchers groß, und eifrig winkten sie dem Piloten mit ihren Heugabeln zu. Mit einem leichten Abkippen der Flügel erwiderte der Pilot ihren Gruß.

»Ein Tiefflieger!«, rief Jack Counihan. »Ein Tiefflieger!«, riefen auch die anderen. »Zieh noch eine Kurve! Fly low!«, schrien alle drei. Natürlich konnte der Pilot sie nicht verstehen, und in wenigen Augenblicken war das Flugzeug auf Nimmerwiedersehen verschwunden. Auf den benachbarten Feldern, auf denen man ebenfalls beim Heumachen war, hatte man den Lärm gehört. Man machte seine Witze, und so dauerte es nicht lange, und statt Counihan war für die Brüder der Name Fly-Low in aller Munde. Durch den Spitznamen wurde es für alle einfacher, denn in den umliegenden Ortschaften gab es schon genug Familien, die Counihan hießen.

Jahre später, gegen Ende des Zweiten Weltkrieges, durchlitt das Land einen ungewöhnlich schlimmen Winter. Wenn nicht der Regen alles durchweichte, wehten scharfe und um alle Ecken pfeifende Winde. Wochenlang herrschte klirrender Frost, dann wieder taute es oder schneite, bis die Hügellandschaft in Weiß versank. Auch Schneeregen blieb nicht aus, dieser grässliche Mischmasch, wenn sich das Wetter nicht entscheiden kann, ob es regnen, schneien oder richtig hageln soll. Schon im Oktober hatte es genügend Vorwarnungen gegeben. Verhältnismäßig früh hatten sich ganze Heerscharen von Gänsen in die Lüfte erhoben. Je größer die Schwärme, desto dräuender das Wetter, lautete eine alte Bauernregel. Schwarzdorn und Weißdorn waren übersät mit Schlehen und Mehlbeeren, auch das ein Omen für stürmische Tage. Ständig hatte der Mond einen Hof, und das nicht nur bei Vollmond. Mitte Januar dann kam es zu einer geradezu beängstigenden Nacht. Noch vor Einbruch der Dunkelheit zogen braunrot gefärbte dichte Wolkenwände auf, jagten über den Himmel in sich stetig ändernden Gebilden. Heftiger Sturm wütete und nahm mit fortschreitender Nacht immer mehr zu.

Um Mitternacht fegte er mit einer Stärke, wie ihn seit Menschengedenken noch nie jemand erlebt hatte, über das Land. Heuballen wirbelten durch die Luft und landeten meilenweit entfernt auf fremden Feldern. Bäume knickten um, lockere Heuschober wurden zerfetzt, aber am Schlimmsten traf es die drei Brüder, denn das Unwetter trug von Toms Schlafraum die Dachziegel mit sich fort. Der Rest des Hauses blieb unversehrt. Um halb zwei in der Frühe blickte der Älteste der Fly-Low-Brüder in einen Himmel mit dahinjagenden Wolkenfetzen.

Er behielt die Ruhe und blieb im Bett liegen, bis sich der Sturm gelegt hatte. Das geschah endlich gegen Morgen, und im ersten Tageslicht zeigte sich eine verwüstete Landschaft.

Nach dem Frühstück betrachteten sich die Brüder den Schaden. Zum Glück hatte das Haus in den Grundfesten dem Wüten der Natur getrotzt. Sie kamen zu dem Schluss, dass alles, was sie brauchten, aus zweiter Hand zu erstehende Schieferplatten waren. Dankbar knieten sie in der Küche neben der Feuerstelle nieder und beteten einen Rosenkranz. Es wurde entschieden, dass Jack, der Jüngste, in die etwas entfernter gelegene Stadt Listowel fahren sollte, um die Baumärkte nach dem benötigten Material abzugrasen. Tom, der als Schatzmeister im Haus fungierte, zählte Jack fünfzig Pfund in einzelnen Banknoten in die Hand, während Billy nach der schwarzen Stute sehen wollte. Sie sollte vor den großen Karren mit den eisenbeschlagenen Rädern gespannt werden, dem einzigen Transportmittel, das die Brüder besaßen.

Jack rasierte sich in der Küche und schlüpfte in den Sonntagsstaat. Direkt an der Eingangstür hing ein kleines Becken mit Weihwasser. Er benetzte die schwieligen Finger, bekreuzigte sich und ging hinaus, um sich auf die Elf-Meilen-Reise in die Stadt zu machen. Auf dem mit Kopfsteinpflaster ausgelegten Hof traf er auf den wutschnaubenden Billy. Die Stute war in der tosenden Nacht ausgebrochen und nirgends zu finden. Jack blieb nichts anderes übrig, als sich zu Fuß auf den Weg zu machen und unterwegs auf eine Mitfahrmöglichkeit zu hoffen.

Nach zwei Meilen legte er eine Pause ein, zündete sich eine Pfeife an und gönnte sich im Schutz einer dicht mit Efeu bewachsenen Hecke eine kurze Rast. Die abgegrasten hellgrünen Wiesen ringsum, gesprenkelt mit saftigeren Grasbüscheln, wo natürlicher Dung hingefallen war, erstrahlten im winterlichen Sonnenlicht. Im Gebüsch am Wegesrand sangen die Vögel. Müde rappelte er sich hoch und trottete weiter. Hinter ihm tauchte in einer Kurve ein Lieferwagen auf, ein alter Bedford. Ehe er ihm noch etwas zurufen konnte, schaltete der Fahrer den Gang runter und hielt an. Jack kletterte vorn in die Kabine zu ihm.

Der Mann war eine gepflegte Erscheinung mit schmalem Gesicht, steckte in einem verschossenen Overall und trug eine schon etwas mitgenommene schwarze Schottenmütze. Nachdem sich Jack für die Mitnahme kurz bedankt hatte, herrschte eine Weile Schweigen.

»Kenn ich dich nicht von irgendwoher?«, fragte schließlich der Fahrer.

»Kann ich mir kaum vorstellen. Ich kenn dich jedenfalls nicht«, erwiderte Jack.

»Ich heiße Florrie Feery«, stellte sich der Fahrer vor.

»Und ich bin Jack Counihan«, sagte Jack.

Eine halbe Stunde verging, ohne dass ein Wort gesprochen wurde. Dann hatten sie schließlich die Vororte von Listowel erreicht.

»Wo soll ich dich absetzen?«, fragte Florrie.

Jack Fly-Low nannte ihm den Namen eines prominenten Baumarkts und meinte: »Erst schulde ich dir aber noch einen Drink.«

Es blieb nicht bei einem, schon war man beim zweiten, und beim dritten hatten sie es sich bereits in einer gemütlichen Ecke der Bar an einem Tischchen bequem gemacht. Im Kamin gleich daneben flackerte ein wärmendes Torffeuer. Als Florrie aufstand, um ein viertes Glas zu bestellen, wehrte Jack ab. Er hätte Dringendes zu erledigen, das keinen Aufschub duldete.

»Was kann denn schon so wichtig sein, dass wir uns nicht noch einen *deoch an dorais* gönnen können?«, fragte Florrie.

Jack fühlte sich beschämt. Schließlich hatte er es mit einem außergewöhnlichen Burschen zu tun, der wie selbstverständlich auf der Straße für ihn angehalten hatte, wo er doch leicht nur ein Landstreicher oder gar Strauchdieb hätte sein können. Jack hatte zu ihm vorn in die Fahrerkabine steigen dürfen, ohne dass er irgendwelche Ausweispapiere hatte sehen wollen, und nun bestand er lediglich wie jeder andere anständige Mensch darauf, auch eine Runde ausgeben zu dürfen. Beim vierten Drink sprach man schon über persönlichere

Dinge, über die Arbeit und die Familie, wurde vertraulicher, und es dauerte nicht lange, da fand Jack Fly-Low, er müsste nicht damit hinter dem Berg halten, weshalb es ihn eigentlich in die Stadt getrieben hatte. Florrie hörte ihm aufmerksam und mitfühlend zu.

»Wenn das kein Zufall ist«, murmelte er halb zu sich, halb zu Jack, als der mit der Schilderung des schadhaften Daches und der dringend benötigten Schieferplatten fertig war.

»Was meinst du mit dem Zufall?«

»Den Kumpel gleich hinter meinem Haus.«

»Was ist mit dem?«

»Ach, nichts weiter ... nur, dass er ein altes Haus hat, das abgerissen werden soll.«

»Ja und?«

Florrie nippte nachdenklich an seinem Whiskey. »Das Dach ist noch Klasse, bessere Schieferplatten kannst du aus zweiter Hand nicht kriegen.«

»Der liebe Gott hat unsere Wege zusammengeführt«, sagte Jack Fly-Low ernst. »Glaubst du, dein Kumpel lässt mit sich reden und verkauft die Platten von seinem Dach?«

Florrie lachte vergnügt. »Erst heute früh hat er mich gefragt, ob ich für ihn nach einem Käufer Ausschau halten könnte.«

Dann sprachen sie nur noch im Flüsterton, Florrie bestand darauf. Zu leicht hätten Hinz und Kunz Wind von den Schieferplatten bekommen und den günstigen Handel abschließen können, ehe er sich selbst für Jack verwenden konnte. Äußerste Vorsicht wäre angebracht.

Mit Rücksicht auf Jack wolle er das familiäre Verhältnis, das zwischen ihm und dem Besitzer des verfallenen Hauses bestand, durch nichts gestört wissen. Er war davon überzeugt, die Platten für lachhafte dreißig Pfund erwerben und liefern zu können. Blitzartig fuhr Jack Fly-Lows rechte Hand in die Innentasche, doch Florrie hielt sie zurück.

»Nicht hier«, warnte er, »lass uns lieber nach hinten gehen.« Auf dem abseits gelegenen provisorischen Örtchen wechselten die dreißig Pfund den Besitzer. Gentleman, der er war, ließ sich Florrie nicht daran hindern, eine Pfundnote wieder zurückzugeben, das würde Glück bringen. Natürlich musste der Handel begossen wurden, und erst, nachdem sie tief ins Glas geschaut hatten, entsann sich der Truck-Fahrer seines Auftrags, weiter weg im Umland eine Ladung Torf zu besorgen. Zum Abschied umarmte man sich herzlich, und Jack erhielt die Zusicherung, dass die Schieferplatten spätestens am folgenden Sonnabend im Laufe des Vormittags bei ihm sein würden.

Kurz vor Mitternacht erreichte Jack Fly-Low den heimatlichen Herd. Billy und Tom warteten schon und waren begierig zu hören, was der Tag gebracht hatte. Mit offenem Mund lauschten sie dem ausführlichen Bericht ihres Bruders. Seine beredte Schilderung von Florrie beeindruckte sie besonders. Bis in die frühen Morgenstunden schwärmte ihnen Jack von den großartigen Charaktereigenschaften des Mannes vor. Und drohte er des Erzählens müde zu werden, spornten ihn Tom und Billy von Neuem an. Sie sehnten den Sonnabend herbei, um dieses Muster an Tugendhaftigkeit selbst in Augenschein nehmen zu können.

Schon früh am Sonnabend kam ein Handwerker, um am Dach die Vorarbeiten für das Eindecken vorzunehmen. Gegen Mittag war er soweit und hätte mit dem eigentlichen Dachdecken beginnen können, doch auch im Laufe des Nachmittags ließ sich kein Florrie blicken.

»Der kommt schon noch«, verkündete Jack, »wir müssen ihm ein bisschen Zeit geben.«

Nahezu jede Stunde näherte sich ein Motorengeräusch, aber immer wieder fuhr das Fahrzeug auf der Straße, die am äußersten Ende des Grundstücks der Brüder vorbeiführte, weiter.

»Horcht, das ist er«, beschwor Jack die anderen jedes Mal. »Diesmal ist er's bestimmt.« Sowie die drei Brüder einen Motor in der Ferne brummen hörten, hellten sich ihre Gesichter auf. Der Handwerksmann schmunzelte still vor sich hin. Das gibt eine gute Geschichte, sagte er sich, die heute Abend im Pub zu erzählen wird ein Spaß. Um fünf verdrückte er sich, versprach aber, sofort wiederzukommen, sowie die Schieferplatten da sein würden.

Die Tage gingen dahin, von Florrie immer noch keine Spur. Es folgten Wochen und Monate, ohne dass sich etwas tat. Auf den Wiesen blühten die ersten Narzissen, in den Dornbuschhecken drängten sich die Knospen ans Licht, doch nach Florrie und den Schieferplatten hielt man vergeblich Ausschau.

Ab und an schaute der Dachdecker vorbei und wollte

wissen, ob das Baumaterial eingetroffen wäre. Er bot sich auch an, das Dach provisorisch mit Wellblech zu decken, doch davon wollten die Brüder nichts hören. Was würde Florrie dann denken? Sie hatten sich eingeredet, dass er krank geworden war oder einen schweren Unfall gehabt hatte.

Nichts konnte ihr Vertrauen in Florrie erschüttern. Hatte doch Jack einen ganzen Tag mit ihm verbracht, ihn sozusagen von allen Seiten abgeklopft und sich davon überzeugt, dass er ein rundum feiner Kerl war. Der Sommer kam und ging, und Toms Schlafraum war immer noch den Elementen ausgesetzt. Er behalf sich mit einem Feldbett in der Küche. Die Brüder waren sich darin einig, dass es ein Vertrauensbruch wäre, das Dach decken zu lassen, bevor Florrie auftauchte. Und kommen würde er. Soviel stand fest.

Oft kamen Nachbarn zu einem Schwatz zu Besuch, und immer noch hielt der eine oder andere der Brüder mitten im Gespräch inne, sowie von draußen ein Verkehrsgeräusch an ihre Ohren drang. »Pst, hört mal«, hieß es dann, »das könnte Florrie mit den Schieferplatten sein.«

Er war es nie. In den Gehöften ringsherum wurde über die Geschichte nur noch gewitzelt. Wenn man ein Auto vorbeifahren hörte, hieß es nur noch: »Pst, horch mal. Das ist Florrie mit den Schieferplatten!«

Über Jahre hinweg war der Ausruf bei den Jüngeren, die immer zu einem Lacher aufgelegt waren, ein nie versagender Spaß geworden. Das war gar nicht böse gemeint. Lustig machte sich niemand über die Fly-Lows.

Sie waren angenehme Nachbarn, zutiefst religiös und hilfsbereit bis zum Letzten.

Im Laufe der Jahre wurde in der Küche der Fly-Lows der Name Florrie immer seltener erwähnt. Nachts, wenn das Brummen eines Lkws im Schornstein widerhallte, warfen sich die Brüder zwar noch hoffnungsvolle Blicke zu, aber keiner verlor ein Wort. Jack litt am meisten unter der Enttäuschung. Die anderen hatten Florrie ja nicht so gekannt wie er. Möglicherweise hatten sie insgeheim ihre Zweifel oder hegten einen Verdacht, aber derlei Gedanken kamen für ihn nicht in Frage, schließlich hatte er den Mann leibhaftig erlebt, und so ließ er sich in seinem Vertrauen nicht beirren.

Jack stellte sich alles Mögliche vor, was hätte passiert sein können. Florrie ging mit seinem Geld freizügig um. Vielleicht war das auch anderen Gästen in der Wirtschaft aufgefallen, die anständige Menschen ausplünderten. Vielleicht lag er schon längst irgendwo im Moor oder in einem Entwässerungsgraben und war am Verwesen. Wahrscheinlicher allerdings war es, dass er einen Unfall gebaut hatte. An ihrem gemeinsamen Nachmittag damals in Listowel hatte er ein gut Maß über den Durst getrunken. In Jack Fly-Lows Vorstellung war der arme Bursche tot und längst begraben oder aber hatte sein Gedächtnis verloren. Ihm waren schon Fälle zu Ohren gekommen, wo nach exzessivem Genuss von fragwürdigem Whiskey das Gedächtnis wie ausgelöscht war. Möglich war alles.

Tom und Billy rangen sich zwangsläufig dazu durch, das Dach decken zu lassen. Das ganze Haus drohte in

Mitleidenschaft gezogen zu werden. Ein Zugeständnis machten sie – es wurden keine Schieferplatten verwendet. Stattdessen nagelte der Handwerker das Dach mit Wellblech zu. Die Reparatur erfolgte im Frühjahr. Im darauffolgenden Winter erlag Tom Fly-Low einer schweren Lungenentzündung. Die Brüder gaben dem Wellblechdach die Schuld und mieden den Raum nach Toms Beerdigung.

Das nächste Frühjahr kam. Wieder verhieß der Schornstein das deutliche Brummen eines sich nähernden Lasters. Dem immer stärker werdenden Geräusch war zu entnehmen, dass er auf das Haus der Fly-Lows zusteuerte. Jack und Billy waren im Nu auf den Beinen, lauschten gespannt und wagten kaum zu atmen. Mit klopfendem Herzen öffnete Jack die Haustür. Draußen stand tatsächlich ein Lastwagen. Ein Mann kletterte aus der Fahrerkabine und kam heran.

»Ist das Florrie?«, fragte Billy flüsternd den neben ihm stehenden Bruder. Jetzt war der Lkw-Fahrer fast bei ihnen angelangt. Jack Fly-Low zeigte keinerlei Regung, während Billy am ganzen Körper zitterte. »Bin ich hier richtig bei Dinnegan?«, erkundigte sich der Fremde.

»Nein«, gab Jack zur Antwort. »Sie müssen die Straße wieder ein Stück zurück, dann die erste Abzweigung rechts, dort wohnen die Dinnegans.«

Der Mann war von gedrungener Statur, wirkte grobschlächtig und hatte eine kehlige Stimme. Florrie hingegen war schlank und groß, eine eher elegante Erscheinung gewesen. Der Fahrer kletterte wieder ans Steuer, drehte um und fuhr davon.

In der Küche taumelte Billy Fly-Low gegen den Tisch. Die Erregung war zu groß für ihn gewesen. Er konnte sich nicht halten und stürzte zu Boden. Ein fremdartiger, unheimlicher Laut entrang sich seiner Kehle. Jack kniete nieder und flüsterte dem Sterbenden die Worte des Schuldbekenntnisses, *mea culpa,* ins Ohr.

Einige Monate nach dem Begräbnis taten sich mehrere Nachbarn zusammen und gingen Jack Fly-Low besuchen. Billys Tod hatte ihn arg mitgenommen, er war abgezehrt und schwach. Sein Zustand machte die Nachbarn betroffen. Vielleicht wäre es das Beste, den Hof zu verkaufen, drangen sie in ihn, und in die Stadt zu ziehen, wo es sofort Hilfe gäbe, wenn ihm etwas zustoßen würde. Nein. Nie würde er Haus und Hof verlassen. Dann vielleicht eine Haushälterin? Nein. Den Hof verpachten? Nein. Jack Fly-Low blieb stur. Er würde allein zurechtkommen und sich selbst behelfen – bis zum Schluss. Trotzdem machten die Nachbarn unter sich aus, in regelmäßigen Abständen nach ihm zu sehen.

Im Dezember wütete ein unerwartet heftiger Schneesturm. Weiter abseits liegende Häuser waren mehrere Tage völlig abgeschnitten. Auch das kleine Anwesen der Fly-Lows gehörte dazu. Sowie die Nebenstraßen wieder passierbar waren, stapfte ein Nachbar den Hügel hinan. Er fand Jack in einem erbarmenswerten Zustand vor. Sein Atem ging unregelmäßig und schwach. Immer wieder rang er zwischendurch heftig nach Luft. Der Nachbar lief los und bat den Nächstbesten, nach dem Priester und einem Arzt zu schicken. Er selbst kehrte ans Krankenlager zurück, setzte sich auf die Bettkante, hielt Jack Fly-Low die Hand und zählte die immer schwächer werdenden Atemzüge. Erleichtert hörte er das Auto des Priesters in die Auffahrt fahren. Vergeblich versuchte Jack Fly-Low, sich aufzurichten. In der Kehle rasselte es, aber er brachte keine Worte heraus. Kein Laut kam über die sich bewegenden Lippen.

»Was ist Jack? Was willst du sagen?«, fragte der Nachbar besorgt.

Unter Aufbietung seiner letzten Kräfte öffnete Jack Fly-Low den Mund. »Florrie«, flüsterte er triumphierend und sank in die Kissen zurück. Sein Körper entspannte sich, die Lippen schlossen sich wieder zu einem dünnen Strich, doch auf dem eingesunkenen Gesicht des Toten lag der Anflug eines Lächelns.

Fred Rimble

Die Uhr zeigte drei Minuten nach sieben, als am Abend des 7. September 1979 Fred Rimble in Dirreenroe in Maggie Conlons Schlafzimmer zur Welt kam. Keine himmlischen Heerscharen verkündeten das Ereignis, und auch in der unmittelbaren Nachbarschaft nahm kaum jemand davon Notiz.

Viel später gestand Maggie Conlons Sohn Jim: »Ich hätte dem armen Wesen nicht in diese Welt verholfen, wenn mich nicht die Ohrenschmerzen meiner Mutter dazu getrieben hätten.«

Maggie Conlon war fünfundsiebzig, doch man sah ihr das Alter nicht an. Ihr Haar hatte immer noch sein natürliches Schwarz, die Augen waren hell und klar. Auch auf den Beinen war sie flink und sicher, und sie erfreute sich zudem eines herzhaften Appetits, der sie eigentlich ihr ganzes Leben lang nie im Stich gelassen hatte, was sie freilich nie eingestehen wollte.

So gesehen hätte sie mit ihrem Gesundheitszustand mehr als zufrieden sein können, und wenn man dazu noch bedachte, dass sie verhältnismäßig wohlhabend war, so durfte man in der Annahme recht gehen, dass ihr ein glückliches Los beschieden war.

Weit gefehlt, das Gegenteil war der Fall. Maggie Conlon war eine Hypochonderin. Die ortsansässigen Ärzte konnten kein Leiden feststellen, doch Maggie beharrte auf ihren Unpässlichkeiten und suchte unermüdlich – soweit es ihre Mittel erlaubten – in der näheren und weiteren Umgebung Spezialisten auf, jedoch ohne Erfolg. Als alles nichts fruchtete, versuchte sie ihr Glück bei allen möglichen Quacksalbern, wie es eben Hypochonder so an sich haben, und trotz diverser und höchst unerquicklicher Heilmethoden blieb sie standhaft und war so für Ärzte und Apotheker eine nicht versiegende Quelle ihres Einkommens.

Die ungeheuren Mengen von Säften und Pillen, die sie schluckte, konnten ihr erstaunlicherweise nichts anhaben, ebenso wenig die vielfältigen Einreibemittel und Salben, mit denen sie den vielen Schmerzen und Hautirritationen zu Leibe rückte, denn ihre übersensible Haut schien leichte Beute für alle erdenklichen Erkrankungen zu sein. Das wirklich Böse an ihrer Hypochondrie aber war, dass es nicht Maggie Conlon war, die an dem Leiden zu Grunde ging, sondern dass ihre beiden Ehemänner frühzeitig hatten ins Gras beißen müssen.

Beide waren fleißige und tüchtige Männer gewesen, denen nach des Tages Arbeit Ruhe und Fürsorge gut getan hätten. Leider bot ihnen Maggie weder das eine noch das andere. Vom Morgengrauen bis spät in die Nacht standen beide auf Abruf bereit. Nicht nur lindernde Umschläge wurden ständig verlangt, auch Heißes zum Trinken, Mittel zum Gurgeln und immer wieder andere Medikamente. Treppauf, treppab waren sie die ganze Nacht unterwegs. Es wäre alles schön und gut gewesen, wenn Maggie morgens ein kräftiges Frühstück bereitet und für ein herzhaftes Lunchpaket gesorgt hätte oder wenn sie ihren Mann abends nicht nur warmherzig willkommen geheißen, sondern auch mit einer warmen Mahlzeit empfangen hätte. Nichts dergleichen. Sie lag fast ständig im Bett, und in den seltenen Momenten, da sie nicht von Schmerzen gepeinigt war, gab sie dennoch das personifizierte Leiden ab mit dick eingehülltem Kopf, sodass vom Gesicht kaum etwas zu sehen war, und der völlig eingemummelte Körper strömte den Geruch von prophylaktisch angewandten Salben und Tinkturen aus.

Ob es ihr gelang, gängige Krankheiten oder unliebsamen Luftzug abzuhalten, bleibt dahingestellt, aber eines stand fest: zarte Knospen einer sich anbahnenden Romanze, die sich in lieblich duftender Umgebung voll hätten entfalten können, wurden langsam aber sicher durch die tötenden Desinfektionsmittel, mit denen ihre Kleidung getränkt war, im Keim erstickt. Die Ehen hatten durchaus gut begonnen. In beiden Fällen hatte anfangs Zuneigung, ja enge Beziehung bestanden, die in gegenseitiger Hingabe hätte gipfeln können, wenn Maggie auch nur ansatzweise bereit gewesen wäre, ihre unnatürliche Sorge um ihre Gesundheit aufzugeben.

Jim Conlon war der einzige Spross dieser Ehen. Er erblickte das Licht der Welt kurz nach dem Dahinscheiden seines Vaters, Maggies zweitem Mann. Ein wenig freundlicher Nachbar soll damals gesagt haben, der arme Mann habe seinen Tod willentlich herbeigeführt, da er den Gedanken nicht hätte ertragen können, unter Umständen eine Tochter zu bekommen und so gleich mit zwei Maggies gestraft zu sein. In Wahrheit starb er vor Erschöpfung. Maggie Conlon hatte ihn – wie auch seinen Vorgänger – zu Tode gehetzt. Manche Männer blühen in Gegenwart egoistischer Frauen geradezu auf, übertreffen sich in ihrer Rolle als Ehemann angesichts solchen Unglücks. Andere hingegen leiden still vor sich hin und warten auf den erlösenden Tod. Maggies Männer gehörten zu der letztgenannten Sorte.

Ihr Sohn Jim war von sanfter Natur, ein lässiger Bursche, der keine großen Ansprüche stellte. Sein Job, Buchhalter in der Molkerei des Ortes, überforderte ihn nicht. Er verdiente gut und wohnte bei seiner Mutter. Er hätte durchaus heiraten können, aber kaum bahnte sich eine Beziehung an, kam sie zum Erliegen, sowie die etwaige Kandidatin Maggie kennenlernte.

Eine von den Mädchen, mit der es schon zu ziemlich engen Bindungen gekommen war, hatte ihm nach ihrem Besuch bei Maggie unmissverständlich ihre Bedingungen gestellt.

»Ich würde dich ja gern heiraten«, hatte sie ihm erklärt, »und möchte fortan auch ganz für dich da sein, aber das geht nur, wenn wir in einem Ort oder einer Stadt weit weg von hier wohnen.«

»Ich kann sie nicht einfach im Stich lassen«, hatte er zu bedenken gegeben, »schließlich ist sie meine Mutter.«

»Du sollst sie ja auch nicht im Stich lassen«, hatte sie erwidert. »Du kannst sie doch ab und an besuchen, und genauso gut kann sie uns besuchen, wenn es sie danach verlangt. Du hast ein Recht auf ein eigenes Leben, und ich bin sicher, deine Mutter wird das verstehen, wenn du es ihr erklärst.«

Also hatte Jim die Karten auf den Tisch gelegt und bekam prompt etwas zu hören. »Das ist ja unglaublich!«, hatte sich Maggie Conlon empört. »Nicht, dass ich von euch erwarte, dass ihr zwei zu mir zieht und mit mir unter einem Dach wohnt. Aber wie willst du überhaupt einen anderen Job finden, wenn du Dirreenroe verlässt? Hast du dir darüber mal Gedanken gemacht?«

»Och, da finde ich schon was«, hatte Jim ihr versichert. »Bei meiner Berufserfahrung dürfte das nicht schwierig sein.«

Tags darauf lag Maggie Conlon im Krankenhaus, sie hatte am Vormittag auf ihrem Weg vom Fleischer wie aus heiterem Himmel einen Zusammenbruch erlitten. Die Ärzte waren ratlos. Das Herz war in bester Ordnung, der Puls regelmäßig, der Blutdruck normal. Eine Woche später – Jim hatte ihr versprochen, nie von Dirreenroe fortzuziehen – entließ man sie und bescheinigte ihr einen einwandfreien Gesundheitszustand.

Jetzt mit einunddreißig begriff er langsam, was auf ihn zukam. Das ständige Wehklagen begann sich auf sein eigenes Befinden auszuwirken. Auf der Arbeit beschäftigte ihn nur noch der Gedanke, welch neues Leiden ihn zu Hause erwarten würde. Erst als er einem Nervenzusammenbruch nahe war, erfand er Fred Rimble. Bevor er an dem betreffenden Morgen zur Arbeit aufbrach, hatte seine Mutter über heftige Rückenschmerzen geklagt. Jim hatte den Hausarzt kommen lassen, aber der gute Mann konnte nichts Ernstliches feststellen. Als Jim zur Mittagspause nach Hause kam, lag seine Mutter immer noch im Bett. Der Schmerz war aus dem Rücken in den Nacken gewandert. Und als er abends von der Arbeit heimkehrte, bekam er zu seinem Erstaunen zu hören, dass der Schmerz ein beachtliches Stück Weg im Körper zurückgelegt und sich jetzt im linken Ohr eingenistet hatte.

»Kein Auge werde ich heute Nacht zumachen können«, jammerte sie, als er ihr vorschlug, das Bett zu verlassen und ihm beim Essen Gesellschaft zu leisten, denn er hatte für beide einen Eintopf gekocht. Keine Überredungskunst half.

»Mir wird schon schlecht, wenn ich nur an Essen denke«, erklärte sie, was im Klartext bedeutete, dass sie sich den Magen längst vollgeschlagen hatte, während er auf Arbeit war. Nachdem er abgewaschen und das Geschirr zurückgestellt hatte, ging er erneut zu ihr ins Schlafzimmer. Ihre Leidensmiene war kaum zu sehen, das rote Flanelltuch, das um den Kopf gewickelt war, ließ das Gesicht mehr erahnen als erkennen. Die Bettdecke hatte sie bis unter das Kinn gezogen. Erbärmliches Stöhnen begleitete ihr schwer keuchendes Atmen.

»Kein Mensch hat solche Ohrenschmerzen wie ich«, wimmerte sie.

»Da bin ich mir nicht so sicher«, meinte Jim leichthin. »In der Molkerei wurde einem heute das Ohr schlichtweg abrasiert, das linke war's.«

Mühsam richtete sich Maggie Conlon auf und stützte sich mit dem Ellenbogen ab.

»Das Ohr und abrasiert?«

»Das linke, ja«, bestätigte Jim.

»Ist er aus Dirreenroe?« Maggie schob das rote Flanelltuch zur Seite, um besser verstehen zu können.

»Aus Dublin.«

»Der Ärmste.« Maggie war ehrlich betroffen. »In welches Krankenhaus haben sie ihn geschafft?«

»In gar kein Krankenhaus.«

»Das versteh ich nicht. Das Ohr wurde ihm abrasiert, hast du doch gesagt.«

»Ja, das linke Ohr.«

»Und er kam nicht ins Krankenhaus?«

»Soviel ich weiß, nein.«

Jetzt saß Maggie schon kerzengerade im Bett. »Das ist einfach nicht zu fassen.«

Jim erhob sich von der Bettkante, auf der er gesessen hatte, seufzte und ging zum Fenster. Sinnend betrachtete er den Abendhimmel, ehe er weitersprach.

»Er führte gerade die Handhabung eines elektrischen Kartoffelschälers vor«, erklärte er bedächtig, »und plötzlich blieb das blöde Ding stehen. Um dem Übel auf die Spur zu kommen, beugt er sich zu der Schnittstelle hinunter, genau da, wo die Kartoffel hineinkommt, und ohne Warnung geht das Ding wieder los.«

»Und das Ohr?«

»Das hat er in einen Eimer mit Eis gepackt, hat auf die Wunde ein Taschentuch gepresst und ist los nach Dublin, um es wieder annähen zu lassen.«

»Wie hieß er doch, hast du gesagt?«, fragte Maggie Conlon.

»Fred Rimble«, gab er zur Antwort.

»Ich kenne keine Rimbles«, stellte Maggie fest.

»Wie solltest du auch, wenn er nicht aus der Umgebung hier stammt. Habe doch gesagt, dass er aus Dublin ist.«

Als er am nächsten Tag zum Lunch nach Hause kam, war seine Mutter auf und wirtschaftete herum. Der Schmerz im Ohr hatte nachgelassen, und ganz gegen die Regel erwartete ihn ein warmes Essen.

»Gibt es was Neues von Fred Rimble?«, wollte Maggie wissen.

Auf die Frage war Jim nicht gefasst, aber da er den Mund voller Kartoffelbrei hatte, konnte er seine Verwunderung leidlich überspielen. Viel zu kauen gab es nicht, dennoch tat er es gründlich, um Zeit zu gewinnen.

»Er hat Schwein gehabt, dass er überhaupt am Leben ist«, sagte er schließlich.

»Hat er es nach Dublin geschafft?«

»Nicht ohne fremde Hilfe. Er hatte zu viel Blut verloren, wurde im Auto ohnmächtig und raste gegen einen Telefonmast.«

»Oh, mein Gott!«, schrie Maggie los. »Und was passierte dann?«

»Man schaffte ihn mit einem Krankentransport nach Dublin. Nur war das Eis durch den Aufprall ausgekippt. Das Ohr muss dabei irgendwo im Straßengraben gelandet sein, jedenfalls konnte man es nirgends finden. Man vermutet, eine Elster hat es sich geschnappt und ist damit auf und davon, vielleicht auch eine Krähe oder so was Ähnliches.«

Seine Mutter bekreuzigte sich, und er wendete sich wieder seiner Mahlzeit zu. Dass er ihre Neugierde geweckt hatte, war nur allzu deutlich. Über den Teller gebeugt, stellte er sich seelisch auf ihre nächste Frage ein. Und da kam sie auch schon.

»Ist er verheiratet?«

»Ja.«

»Hat er Kinder?«

»Acht. Vier Jungen und vier Mädchen.«

»Gott möge sie schützen«, hauchte Maggie Conlon und bekreuzigte sich ein zweites Mal.

Jim kehrte früher als sonst zur Arbeit zurück. Er brauchte Zeit, um sich einen Plan zurechtzulegen. Wie lange würde er ein solches Täuschungsmanöver durchhalten können? Fürs Erste würde er ein paar harmlose amtliche Bekanntmachungen erfinden, Kurzmitteilungen über das verloren gegangene Ohr und wie Fred Rimble damit zurechtkam. Am Wochenende verbrachte Jim Conlon seine Freizeit zumeist in einer nahegelegenen Gastwirtschaft. Er trank gern ein paar Schluck, und außerdem verschaffte ihm der Aufenthalt dort eine Gnadenfrist, er blieb wenigstens eine Weile von den krankhaften Ergüssen seiner Mutter verschont. Und hier kam ihm beim Grübeln auch der Gedanke, Fred mit einem künstlichen Ohr zu versehen.

»Du machst in letzter Zeit so einen Traurigen, Jim«, unterbrach ihn Matt Weir, der Wirt, in seinen Überlegungen.

»Einem Freund von mir geht es ziemlich schlecht«, erklärte er, Verständnis heischend.

»Das tut mir leid, mein Junge.« Matt Weir klopfte ihm mitfühlend auf die Schulter und schob wieder ab, um anderen sich einsam wähnenden Gästen Trost zu spenden.

Eine Woche nach dem tragischen Vorkommnis lag Maggie wieder danieder. Diesmal gab sie einer Knöchelverletzung aus zurückliegenden Jahren die Schuld, die sich durch plötzlichen Wetterwechsel schmerzhaft bemerkbar machte. Und wieder musste Jim für beide sorgen. Maggie brachte ganze drei Tage im Bett zu und hätte sicher auch drei Wochen lang fest gelegen, wenn Jim nicht auf seinen Freund Fred Rimble zurückgegriffen hätte. Als er am dritten Tag zur Mittagszeit nach Hause kam, lag sie immer noch da, tief unter dem Bettzeug vergraben, den Kopf wieder ins rote Flanelltuch gewickelt, das Gesicht schmerzverzerrt. Das ganze Zimmer roch nach frisch aufgetragenen Einreibemitteln, und das altbekannte Stöhnen unterstrich in regelmäßigen Abständen ihr unsägliches Leiden.

»Ich glaube, ich sterbe«, flüsterte Maggie.

Schweigend saß Jim auf dem Bett und überlegte mit Vorbedacht, welche Wortwahl im Sinne seines eigenen Wohlergehens die klügste wäre.

»Gott allein weiß, was ich durchmache«, jammerte sie.

»Fred Rimbles Frau hat ihn verlassen.«

Es klang wie eine sachliche Feststellung. Maggie brauchte eine Weile, ehe sie sich von ihrem bemitleidenswerten Zustand losreißen konnte und die unerwartete Nachricht in ihr Bewusstsein drang.

»Steckt ein anderer Mann dahinter?«, fragte sie endlich.

»Ich fürchte, ja.«

»Bestimmt einer der Nachbarn.«

»Richtig getippt. Und obendrein sein bester Freund.«

Jim war klug genug, das Zimmer zu verlassen. Maggies nächste Frage hätte ihn leicht überfordern können. Am nächsten Morgen war sie bereits früh auf den Beinen. Als er die Treppe hinunterkam, hatte sie schon ein leckeres Frühstück bereitet. Während er es sich schmecken ließ, erging sie sich über das gemeine Verhalten von Nachbarn und verfluchte den Schurken, der Fred Rimble die Frau genommen hatte.

Es dauerte einige Wochen, bis sie wieder krank wurde. Diesmal war es nichts weiter als ein steifes Genick. Nur mit dem Unterschied, dass die damit einhergehenden Beschwerden abartiger Natur waren. Sie konnten wochenlang andauern und bösartige Schmerzen zur Folge haben. Jim gelang es, sie wieder aufzurütteln, indem er zu seinem bewährten Hilfsmittel griff und ihr von Fred Rimble und einem erneuten Autounfall erzählte, den er mit gebrochenen Beinen überlebt hatte. Bis zum Jahresende musste Fred Rimble wiederholt herhalten, zu seinen früheren Unglücksfällen kamen ein gebrochenes Schlüsselbein, gebrochene Hände und Rippen und zu allem Überfluss auch noch der Verlust des zweiten Ohres. Dieser dramatische Höhepunkt bescherte Jim die glücklichste Weihnacht seit seiner Kindheit. Die ganzen Feiertage hindurch wanderte Maggie kopfschüttelnd umher und bedauerte

41

den armen Mann, dem das Schicksal so übel mitgespielt hatte. Sie selbst aber blieb schmerzfrei.

Als er ihr die Geschichte mit dem zweiten Ohr auftischte, schlug sie vor, er solle Fred aufsuchen und ihn und die Kinder zu Weihnachten einladen.

Das konnte er gerade noch so abbiegen. »Ich kenne Fred. Er gehört zu den Menschen, die Weihnachten am liebsten zu Hause verbringen.«

»Aber wer soll den Weihnachtsbraten zubereiten?«

»Das ist kein Problem. Das älteste Mädchen ist schon fünfzehn, und dann ist da noch eine Frau aus der Nachbarschaft, die ab und an bei ihm vorbeischaut.«

»Was heißt das, ein Frau aus der Nachbarschaft?«

»Eine Nachbarin halt.«

Maggie sah ihn forschend an, ob er ihr womöglich etwas verberge. »Doch nicht etwa die Frau von dem Mann, mit dem Freds Frau durchgebrannt ist?«

»Wo denkst du hin! Fred ist nicht so einer von der Sorte.«

»Natürlich nicht«, hieß es prompt. »Das wollte ich auch gar nicht gesagt haben.«

Bis zum Frühling hielt sie durch. Sonst hatte sie schon im Januar die meiste Zeit im Bett gelegen und die übrigen Tage eingemummelt unten herumgesessen. Jede Woche, manchmal auch nur alle zehn Tage, versorgte Jim sie mit einer neuen Nachricht, wohlüberlegt, gewissermaßen rationsweise. Maggie nahm ihm begierig jede kleinste Dosis ab und delektierte sich daran. Im Januar sah sich Jim gezwungen, die älteste Tochter namens Cornelia und die jüngste, der er den Namen Trixie gab, ertrinken zu lassen. Er konnte nicht anders und musste zum Äußersten greifen. Seiner Mutter hatte es gefallen, sich an einem trüben Nachmittag wieder ins Bett zu verziehen, angeblich wegen eines Herzanfalls. Selbst der Hausarzt, der sonst jeden ihrer Schachzüge durchschaute, war perplex.

»Es ist durchaus möglich, dass es ein ganz leichter Herzinfarkt ist«, sagte er Jim unter vier Augen.

Jim überlegte. Ein weiterer Bruch machte es nicht mehr, auch nicht der Verlust einer Hand oder eines Beins. Er hatte sie zu gut angefüttert. Sie brauchte stärkere Kost, wollte er eine Wirkung erzielen. Also tischte er ihr die Geschichte mit Cornelia und Trixie auf. Mit Erfolg. Maggie war im Nu aus dem Bett, aller Herzschmerz vergessen.

»Ich muss unbedingt zu dem Begräbnis«, erklärte sie. Jeder Versuch, sie davon abzubringen, scheiterte. Am nächsten Morgen war sie früh auf und besorgte sich eine Tageszeitung. Sorgfältig ging sie alle Todesanzeigen durch.

»Rattigan, Remney, Reeves«, las sie im ernsten Ton, »Riley, Romney, Rutledge. Kein Rimble.«

»Ich kenne Fred, so ist er eben. Er hasst es, Aufsehen zu erregen«, beruhigte er sie. »Die Trauerfeier findet selbstverständlich in aller Stille und nur im engsten Kreis statt. Deshalb auch keine Anzeige in der Zeitung.«

»Dann schicken wir ihm ein Telegramm und ein Beileidsschreiben.« Maggie war fest entschlossen. »Ich setze es selbst auf.«

»In Ordnung. Das Telegramm schicke ich gleich heute früh. Und du setzt dich hin und schreibst den Brief, ich nehme ihn nach der Mittagspause mit und bringe ihn zur Post.«

Jim verbrannte ihn dann in seinem Büro, tippte aber eine Woche später unter einer fiktiven Dubliner Adresse einen Antwortbrief. Das Scheiben erwies sich als die denkbar beste Medizin für Maggie. Wochenlang musste sie nicht mehr das Bett hüten. Als die Wirkung nachließ, griff er auf die anderen Kinder zurück, eines starb an Lebensmittelvergiftung, ein anderes bei einem Autounfall und noch ein anderes kam bei einem Brand um. Fred Rimble war der Feuersbrunst gerade so entkommen. Es war eine Wendung, die Jim sehr zugute kam, denn da Freds Haus völlig niedergebrannt war, gab es auch keine feste Adresse mehr.

Der Tod der Rimble-Kinder hatte eine tiefe Wirkung auf Maggie. Sie ging jetzt regelmäßig zur Frühmesse, ließ keine aus, egal, wie das Wetter war. Täglich erkundigte sie sich bei Jim nach Fred, doch die Nachrichten flossen spärlich. Dann hieß es, er hätte das Land verlassen und in Australien Arbeit gefunden.

»Zu viele schlimme Erinnerungen am Heimatort«, meinte sie verständnisvoll, als Jim ihr von Freds Ausreise berichtete. »Ich würde es nicht anders machen«, fügte sie wehmütig hinzu.

Der Sommer verging. Der Herbst kam und färbte das Laub und breitete die Blätter liebevoll über die weiche Erde. Jim Conlon erfreute sich eines guten Lebens, wurde rund und dick.

»In letzter Zeit strahlst du Ruhe und Zufriedenheit aus, mein Junge«, bestätigte ihm Matt Weir bei einem der abendlichen Besuche in der Gastwirtschaft.

Es wurde Winter, und zwangsläufig zog es Maggie Conlon wieder ins Bett. Trotz aller gegenteiligen Beteuerungen des Hausarztes und eines Spezialisten war sie überzeugt, an Kehlkopfkrebs zu leiden. Tapfer ließ sie Röntgenuntersuchungen und alle möglichen anderen Tests über sich ergehen. Mit dem Ergebnis, dass es keinerlei Anzeichen für die gefürchtete Krankheit gab. Wochen vergingen, und als es zu keiner merklichen Schwächung des Körpers kam, verfiel sie darauf, der Krebs hätte sich bis zur Luftröhre ausgebreitet. Zum Beweis griff sie auf ihr umfängliches Repertoire an pfeifendem Atem, Husten und Keuchen zurück – manchmal klang es zum Gotterbarmen, dann wieder leiser und höchst Mitleid erregend.

Die Zeiten der Ruhe und Behaglichkeit, an die sich Jim Conlon gewöhnt hatte, waren vorbei. Er nahm ab. Die altbekannten Spannungen und Belastungen kehrten zurück, und neue kamen hinzu. Er versuchte es mit allen möglichen Tricks, seine Mutter wieder aufzurütteln, doch es wollte nicht gelingen. Sie wurde so hinfällig, dass sie ihn Woche für Woche zum Gemeindepfarrer schickte. Immer wenn ihr die Letzte Ölung verabreicht wurde, schloss sie die Augen, als wollte sie sterben. Sie trieb Jim zur Verzweiflung. Eines Abends kehrte er aus dem Pub in einem sichtlich erregten Zustand heim. In Wahrheit aber war er gewillt, seinen letzten Trumpf auszuspielen.

»Ich habe eine schreckliche Nachricht«, teilte er seiner Mutter mit.

Regungslos lag sie da, auch die trüben Augen zeigten nicht die geringste Reaktion.

»Fred Rimble ist tot«, sagte er.

Der Satz verfehlte nicht seine Wirkung. Schon saß sie aufrecht im Bett, bekreuzigte sich, bat Gott, er möge Erbarmen mit der armen Seele haben, und fragte: »Wie ist es passiert?«

»Es heißt, er sei vor Kummer und Gram gestorben.«

»Vor Kummer und Gram«, wiederholte sie unter Tränen und fragte sich, ob das nicht auch für sie ein plausibles Ende wäre.

»Jedenfalls ist es das, was ich gehört habe.« Jim sagte es mit tieftrauriger Stimme.

»Wenigstens hat es der arme Mann nun hinter sich gebracht«, meinte Maggie Conlon schicksalsergeben. Wenige Tage später wurde auf Maggies Drängen hin in der Gemeindekirche von Dirreenroe für Fred Rimble eine Messe gelesen. Es war eine unspektakuläre Geschichte mit nur drei Priestern, dem Gemeindediener, Maggie Conlon und Sohn. Kaum waren sie wieder zu Hause angelangt, tischte Maggie ein Lunch auf, und als sie gegessen hatte, verschwand sie im Bett und schwor, es nie mehr zu verlassen.

»Was fehlt dir denn?«, fragte Jim verzweifelt. »Vor zehn Minuten ging es dir doch noch gut, und Appetit hattest du wie ein Scheunendrescher.«

»Ich weiß, ich weiß«, jammerte sie, »doch die bittere Wahrheit ist, ich fürchte, es bricht mir das Herz.«

»Das hatten wir ja noch gar nicht.« Jim tobte.

»Bleib ruhig«, redete ihm Maggie gut zu. »Das muss dich nicht weiter aufregen. Das ist längst nicht so wie ein Herzinfarkt oder eine Angina pectoris. Keine solchen Schmerzen. Es ist einfach, dass ich hier liege und warte, bis meine Zeit gekommen ist.«

Sie schloss die Augen, und ein glückseliges Lächeln lag auf ihrem Gesicht.

In der Gastwirtschaft saß Jim abseits in einer Ecke. Er war schon beim dritten Glas, als Matt Weir seinen Platz hinter der Theke verließ und ihn begrüßen kam. Da er keine Antwort erhielt, fragte Matt, ob etwas nicht stimmte.

»Schau mich an, Matt«, bat ihn Jim niedergeschlagen. »Schau mich an, und dann sage, was du siehst.«

»Ich sehe einen Freund und Nachbarn«, erwiderte Matt Weir.

»Nein, Matt«, entgegnete Jim. »Du siehst einen Mann, der seinen besten Freund getötet hat.«

Die Zeichen stehen auf Sturm

»Ich war schon damals dabei«, brüstete sich Dinny Colman, »an dem Tag, an dem der erste Schuss fiel.«

»Ein richtiger Schuss war es doch wohl nicht?«, vergewisserte sich meine Mutter, die bemerkte, wie erschrocken ich war.

»Natürlich nicht wörtlich genommen«, fuhr Dinny fort. »Aber wie in jedem Krieg, so gibt es auch beim Ehekrach immer einen, der anfängt. Ein falsches Wort am falschen Platz und zur falschen Zeit reicht völlig aus. Da brauchen nur mehrere Leute am Abendbrottisch zu sitzen, und einer von ihnen kriegt das fette Fleisch, der Fettes überhaupt nicht mag, während anderen, denen es egal ist, ob sie Fettes oder Mageres auf dem Teller haben, gerade das Magere vorgesetzt wird, und prompt haben wir den Streit. Ich habe so was schon erlebt. Das mag ein lachhafter Anlass sein, doch der Benachteiligte empfindet das als große Ungerechtigkeit. Ihm ist das ganze Abendbrot verdorben, und in der gottverlassenen Gegend hier freut sich jeder aufs Abendessen, ist es doch die einzige Abwechslung am Tage, bevor man sich die Bettdecke über den Kopf zieht.«

Er ruckelte an den Zügeln und rief sein »Hotte hü!«. Im Fell des sich vor uns auf und ab bewegenden Rückens des Ponys zuckte es. Es richtete die Ohren auf, die Beine griffen stärker aus, das Tempo zog an. Der Fahrtwind sauste uns um die Ohren, wir mussten lauter reden, um uns zu verständigen. So flogen wir über die Ebene dahin. Als der Weg nach Hause anstieg und wir die Hügelkette überwinden mussten, verlangsamte sich der Schritt. Erst dann konnte ich über Dinnys Betrachtungen nachdenken.

Das Haus, das wir eben verlassen hatten, war ein strohgedecktes, einstöckiges Bauernhaus wie unseres auch. Eigentlich war es gar nicht anders als alle Bauernhäuser in der Gegend, nur mit dem Unterschied, dass das Strohdach der Behausung, aus der wir gerade gekommen waren, grau und verrottet war. Nicht ein Schimmer des einst strahlenden Gelbs war ihm geblieben. Die ehemals weiß gekalkten Wände hatten braune Flecken von dem stinkenden, schwärzlichen Regenwasser, das durch das faulige Strohdach sickerte und tropfte. Die kleinen, tief ins Mauerwerk eingelassenen Fenster ließen nur wenig oder fast gar kein Licht ins Innere. Dazu muss man sich vorstellen, dass sie seit Jahren nicht mehr geputzt worden waren, bis auf den Fleck, den jemand mit dem Handballen frei gerieben hatte, um eventuelle Besucher rechtzeitig auszumachen. Die Felder und Wiesen, die zu dem heruntergekommenen Gehöft gehörten, wurden Jahr um Jahr an einen Nachbarn verpachtet. Die Zufahrt von der Hauptstraße war kaum von den mit Unkraut überwucherten Feldern zu unterscheiden, durch die sie führte. Eine große Herde mageres, unterernährtes Vieh stand muhend hinter dem Haupttor und wartete aufs Heu. Die Tiere erweckten den Eindruck, als hätten sie seit Tagen nichts zu fressen bekommen. Das Ganze bot ein Bild der Verwahrlosung.

»Die Zeichen standen auf Sturm, als wir ankamen, und auch, als wir gingen«, schnappte ich später aus dem Gespräch zwischen Dinny und meiner Mutter auf.

Der Bauernhof gehörte Neddy Leary. Bei unserem Besuch waren außer ihm seine Frau Dolly und seine Schwester Bridgeen in der Küche. Wir überraschten sie bei ihrem Nachmittagstee. Jeder von ihnen hockte an einem anderen Tisch, Neddy an dem großen, in der Mitte des Raums stehenden Küchentisch, seine Frau und die Schwester links und rechts neben der Herdstelle, auf der ein Torffeuer unter einem mächtigen schwarzen Eisenkessel glühte. Jeder hatte sich in einer eigenen Teekanne den Tee aufgegossen und sich damit an der besagten Stelle niedergelassen. Brot, Milch, Butter und Zucker waren Gemeinschaftssache und standen an einem Ende des Haupttisches. Die restliche Tischfläche war verbotenes Terrain und nur Neddy Leary vorbehalten. Die kleineren Tische, an denen die Frauen saßen, waren in Wirklichkeit nichts weiter als umgestürzte Butterkisten, die man mit einem Stück Segeltuch bedeckt hatte.

Schon als wir uns dem Haus näherten, war unüberhörbar, dass man sich heftig stritt. Alle drei schrien sich geradezu hysterisch an. Sowie meine Mutter anklopfte, herrschte Totenstille. Ein schmuddliges Gesicht erschien am Fenster, und gleich darauf rief eine Stimme: »Herein!« Dinny Colman, der sich um Höflichkeit und Anstand wenig scherte, hatte aber die Tür bereits geöffnet. Dass wir sie überrumpelt hatten, war gleich zu spüren.

»Gott segne alle, die hier wohnen.« Dinny nutzte die Segensformel, um seine Vorwitzigkeit zu überspielen. Dolly Leary und ihre Schwägerin sprangen von der Herdstelle auf, griffen sich ihre Teekannen und was noch dazu gehörte. Geräuschlos verschwanden sie in der angrenzenden Stube.

»Herein, immer nur herein!«, begrüßte uns Neddy Leary fröhlich, als hätte es nie zuvor Meinungsverschiedenheiten gegeben. Dinny Colman ging ohne Umschweife zum Kamin, stellte sich mit dem Rücken zum Feuer und konnte so die ganze Küche in Augenschein nehmen.

»Dienstleute wissen heutzutage nicht mehr, was sich gehört.« Das sagte Neddy Leary mehr zu meiner Mutter, erhob sich und nötigte uns beide auf die Stühle am Kamin, die eben frei geworden waren. So blieb Dinny nichts übrig, als seinen Standort aufzugeben. Mit einer schweren schwarzen Kohlenzange machte sich Neddy daran, das Torffeuer wieder zu entfachen, wobei er erstaunliche Geschicklichkeit bewies. Im Nu hatte er einen Stapel glühender Brocken aufgeschichtet, der hübsch anzusehen war und willkommene Wärme ausstrahlte. Davor baute er sehr ordentlich eine Reihe von Torfsoden, die er aus einer daneben stehenden Teekiste nahm. Die Asche vor der Herdstelle zusammenzufegen war allerdings nicht seine Sache, eine so niedrige Tätigkeit auszuüben war unter seiner Würde.

»Sobald das Wasser im Kessel kocht«, informierte er

meine Mutter in aller Höflichkeit, »gibt es einen Schluck Tee, und Sie sagen, was Sie auf dem Herzen haben.«

Kaum waren diese Worte verklungen, veränderte sich sein Gesichtsausdruck, und er donnerte los: »Kommt rein, aber sofort!« Er wandte sich wieder meiner Mutter zu und war die Freundlichkeit in Person. »Die sind gleich da und decken den Tisch«, sagte er. Inzwischen hatte sich Dinny Colman in die Nähe der Tür begeben und beäugte die schlecht zusammengezimmerte Eingangspforte. Er schien entschlossen, alles in sich aufzunehmen, was hier nicht in Ordnung war. Schon ging er in die hinterste Ecke, über der sich ein mit Maschendraht überspannter Hühnerverschlag befand. Etliche Hühnchen und Hennen der Rasse Rhode Island Red saßen da auf einer Stange und starrten selbstzufrieden ins Leere, als seien sie gedopt oder benommen. Dinny hob den Arm, steckte einen Finger durch die Maschen und klopfte einer Henne sacht auf den Schnabel. Die gab ein sanftes, volles Glucksen von sich.

»Lass die Hühner da in Ruhe!« Der Befehl kam von Neddy Leary. Er hatte mit wachsendem Missvergnügen beobachtet, wie Dinny sich zwanglos in der Küche bewegte. Begab sich der Kerl jetzt doch zu der Wand, an der ein Bild des Heiligen Herzens in einem gesprungenen, mit Staub bedeckten Glasrahmen hing. Er holte tief Luft und blies in Richtung des Bildes. Seine Erkundungen schienen ihm großen Spaß zu bereiten.

Dolly Leary kam als Erste aus dem Nebenzimmer. »Sie kennen doch meine Frau, nicht wahr?«, fragte Neddy.

»O gewiss«, antwortete meine Mutter und reichte ihr die Hand. Dolly sah jetzt entschieden ordentlicher aus als vorher.

Nach wenigen Augenblicken, die ausreichten, um sich mit Dolly bekanntzumachen, erschien Bridgeen Leary. »Und das ist meine Schwester«, stellte Neddy sie vor. Wieder gab es ein Händeschütteln.

»Wie wäre es mit einem Ei zum Tee?«, erkundigte sich Neddy und hob mit der Kohlenzange einen rußge-schwärzten Kanister an. Der war halb voll mit trübem Wasser, auf dem Ascheflocken schwammen.

»Nein, vielen Dank«, riefen wir drei hastig, zu hastig. Meine Mutter versuchte das abzubiegen und erklärte, wir hätten, bevor wir losfuhren, gerade Mittag geges-sen. Dolly und Bridgeen räumten den Tisch ab. Dinny schaute ihnen zu und wagte sich erneut zu den Rhode Island Reds. Diesmal versuchte er, weniger auffällig mit ihnen zu kommunizieren. Den Frauen des Haushalts gelang es, im Handumdrehen alles Unansehnliche, das uns beim Hereinkommen aufgefallen war, verschwin-den zu lassen. Wie von Zauberhand war ein Tischtuch aufgelegt. Es gab Tassen und Untertassen, Frühstücks-teller und eine Platte, auf der ein übergroßer Eier-kuchen lag und ein Viertel von einem Rosinenkuchen.

»Verflixter Kessel, dauert das!«, schimpfte Neddy Leary, doch während er noch sprach, verwandelte sich der leicht aus der Tülle aufsteigende Dampf in einen tüchtigen Strahl. Neddy schlurfte zum Tisch und beriet sich flüsternd mit den beiden Frauen. Es ging darum, welche der drei Teekannen zu dem besonderen Anlass benutzt werden sollte. Ein Wort gab das andere, und wir befürchteten bereits, die Unterredung würde in einen größeren Streit ausarten. Doch plötzlich schwieg man, eine Übereinkunft war erzielt worden. Dolly Leary eilte in den Nebenraum, aus dem sie eben gekommen war, und erschien gleich darauf mit einer braunen Keramik-Teekanne. Offensichtlich wurde die nun eingeweiht. Rasch wurde sie mit sprudelnd heißem Wasser aus dem kochenden Kessel ausgespült. Neddy schob, eine Handbreit vom Kaminfeuer entfernt, kleine ebenmäßige Kohlen zu einem Kreis zusammen. Darauf sollte der frisch gebrühte Tee in der brandneuen Teekanne eine Weile ziehen. Während wir darauf warteten, stellten Dolly und Bridgeen gemeinsam fest, dass ich nach meinem Vater käme, aber Mutters Augen hätte. Derweil entstand ein Aufruhr im Hühnerverschlag. Dinny, der wohl Schuld daran war, schlich vom Ort des Verbrechens zur Tür und betrachtete sie höchst interessiert.

»Setz dich, Sir, aber gleich!«, herrschte ihn Neddy an und wies auf einen Stuhl am Ende der Tafel. Dinny begriff, dass das Maß nun voll war, und tat, wie ihm geheißen. Einer nach dem anderen nahmen wir am Tisch Platz. Die Frauen des Hauses setzten sich erst, nachdem allen Tee eingeschenkt war. Neddy übernahm das Aufschneiden des Backwerks. Im Eierkuchen zeigte sich eine verräterische weißliche Schicht, und beim Rosinenkuchen waren die Früchte allesamt nach unten gesackt. Anstandshalber mussten wir wenigstens ein Stück nehmen. Erst dann würde man alle weitere Nötigung, noch mehr zu essen, zurückweisen können. Zögerlich entschieden wir uns für Rosinenkuchen und hatten unsere Mühe damit. Nicht ein Krümel fiel auf den Tisch oder den Fußboden, ein solcher Klitsch war das. Wir schafften es jedenfalls, unseren Teil hinunterzuschlucken, und brachten uns somit in die Lage, jedes weitere Anerbieten abzulehnen. Die Hausgenossen hingegen langten kräftig zu, nachdem sie sich vergewissert hatten, dass unser Bedarf gedeckt war, und ließen nichts übrig.

»Jetzt könnten wir darüber reden, was Sie zu uns geführt hat«, verkündete Neddy Leary und wischte sich den Mund mit dem Handrücken.

»Eigentlich gar nichts Besonderes«, antwortete meine Mutter, »wir hätten nur gern gewusst, ob Sie uns die Adresse Ihres Bruders Tom in New York geben könnten.«

»Von Herzen gern. Vielleicht verraten Sie uns auch, wer von den Ihrigen sich nach Amerika aufmachen will.«

»Der Junge hier«, sagte meine Mutter.

»Ist er dafür nicht zu jung?«

»Mit sechzehn ist er alt genug«, antwortete sie.

»Das beste Alter dafür«, stimmte ihr Neddy Leary mit einem leichten Seufzer zu. »Wenn sie älter sind, fällt es ihnen schwerer, sich da drüben einzuleben. Tom war auch gerade so alt, als er rüberfuhr. Hat sich nicht zurückgesehnt. Und hat da gut Fuß gefasst.«

Neddys jüngerer Bruder Tom diente als eine Art Anlaufpunkt und Mittelsmann zwischen möglichen amerikanischen Arbeitgebern und den Scharen junger irischer Burschen und Mädchen aus unserer Gegend, die Jahr für Jahr auswanderten. Er betrachtete das als reinen Liebesdienst, und es wäre für jeden, der auswandern wollte, undenkbar gewesen, nicht zuvor mit ihm Kontakt aufzunehmen. Mit seinem Haus bot er ihnen während der ersten traurigen Wochen fern der Heimat eine Bleibe. Er gab den Jugendlichen die Chance, sich in der fremden, so verwirrenden Umgebung zurechtzufinden, bis sie sich selber ein ungefähres Bild machen konnten, was die neuen Verhältnisse ihnen boten.

»Ich hole gleich die Adresse«, sagte Neddy, stand auf und ging in den Raum links von der Küche. Während seiner Abwesenheit fiel kein Wort. Meine Mutter räusperte sich, wollte etwas sagen, ließ es dann aber doch. Dinny Colman erhob sich etwas betreten von seinem Stuhl und glitt hinüber zum Kamin. Nach einem flüchtigen Blick in den Rauchfang stellte er sich mit den Händen auf dem Rücken vors Feuer. Er hatte ein wissendes Lächeln auf dem Gesicht, schürzte die Lippen und pfiff lautlos vor sich hin. Neddy kam zurück, bewaffnet mit einem Notizblock, einem Fläschchen schwarzer Tinte und einem kleinen, reichlich abgegriffenen Notizbuch. Hinters Ohr hatte er sich einen hölzernen Federhalter mit einer rostigen Schreibfeder geklemmt. In fieberhafter Eile räumten seine Frau und die Schwester den Tisch frei, während er mit Herrschermiene hinter seinem Stuhl wartete. Suchend glitt sein Blick über den Tisch, nichts durfte dort liegen, das möglicherweise seiner bevorstehenden Arbeit im Wege war. Er ließ sich nieder, und die beiden Frauen standen dienstfertig hinter ihm, kaum einen Fußbreit voneinander entfernt. Selbst auf Dinny Colman machte das Ritual Eindruck. Er fühlte sich, als befände er sich in der Gegenwart eines königlichen Schreibers. Eine innere Stimme riet ihm, leichtfertige Späße zu unterlassen. Umständlich legte Neddy Leary das Schreibzeug auf den Tisch. Er setzte sich auf seinem Stuhl zurecht und entkorkte das Tintenfläschchen, nicht ohne es zuvor gegen das Licht gehalten und geprüft zu haben, ob etwaige Fremdkörper darin wären. Nachdem er sich vergewissert hatte, dass alles seine Ordnung hatte, unterzog er die rostige Schreibfeder einer Inspektion. Die fiel nicht zu seiner Zufriedenheit aus, und so steckte er sie sich in den Mund, drehte den Halter mehrfach rundherum und saugte daran wie an einem Lutschbonbon. Dann beförderte er sie wieder ans Tageslicht und beäugte sie aus nächster Nähe. Getrocknet wurde sie, indem er sie einfach auf dem Ärmel seiner Jacke abrieb. Danach benetzte er den Daumen seiner rechten Hand mit der Zunge, hob das Notizbuch in Augenhöhe und blätterte mit angefeuchtetem Finger die ausgefransten Blätter um. Schließlich zeigte ein tiefes Aufseufzen, dass er gefunden hatte, was er suchte.

»Thomas Ignatius Augustine Leary«, psalmodierte er wie ein Pfarrer in der Kirche. »Two forty-seven, East Two Sixty-second Street, City of New York, United States of America«, fuhr er fort, den Tonfall der Amerikaner imitierend. Dann machte er sich daran, die Adresse sorgsam auf den Notizblock zu schreiben. Während er schrieb, waren alle mucksmäuschenstill; man hätte eine Nadel zu Boden fallen hören können. Niemand regte sich, bis er fast mit seiner Aufgabe fertig war. Dann bedeckte, für alle völlig unerwartet, seine Schwester Bridgeen mit einer Hand den Busen halb und mit der anderen den Mund ganz und holte erschrocken deutlich hörbar Luft. Es kam einer Gotteslästerung gleich und zerstörte die Konzentration des Schreibers, als hätte jemand genau über seinem Kopf eine Schrotflinte abgefeuert. Nicht, dass er vom Stuhl aufsprang und seiner Schwester eine Flut grässlicher Schimpfwörter entgegenschleuderte. Er faltete lediglich die Hände, doch sein Gesicht verfärbte sich unheilvoll. Einige Sekunden herrschte nervenzerfetzende Stille. Neddy Leary schloss die Augen und sprach: »Ist hier jemand zugegen, der etwas zu sagen wünscht?« Die Stimme zitterte vor Erregung. Er strengte sich mächtig an, sich zu beherrschen.

»Das mit dem Geräusch war ich«, äußerte sich Bridgeen, ohne auch nur die mindeste Entschuldigung anzudeuten.

»Und warum?« Neddy trommelte mit den Fingern inquisitorisch auf den Tisch.

»Weil das die alte Adresse ist«, sagte seine Schwester sarkastisch. Das war eine derart unerhörte Überschreitung des Erlaubten, dass man sie schlicht und einfach ignorieren musste. Dem Oberhaupt des Hauses in Gegenwart von Fremden zu widersprechen war ein Frevel und konnte nicht geduldet werden. Im Augenblick blieb nur die Alternative, so zu tun, als hätte die Frau überhaupt nichts gesagt. Ohne Eile schrieb Neddy die

Adresse zu Ende, stand auf, ging zum Feuer und hielt das Blatt hoch, damit die Tinte trocknete. Während er damit beschäftigt war, beging seine Frau die zweite unverzeihliche Sünde an jenem Nachmittag.

»Pass auf, du versengst es gleich!«, rief sie. Seinem Gesichtsausdruck war abzulesen, dass Neddy gewillt war, auch diese Bemerkung so zu behandeln wie die vorhergehende. Als die Tinte trocken war, faltete er das Blatt zusammen und überreichte es meiner Mutter. Seine Hände zitterten, gebändigte Wut glomm in seinen dunklen Augen.

»Ich wünsche dem Jungen viel Glück«, sagte er ruhig, »und Ihnen einen guten Heimweg.«

»Ehe wir gehen, möchte ich Ihnen danken, dass Sie uns so freundlich entgegengekommen sind«, erwiderte meine Mutter.

Als Frau mit Gespür fiel es ihr nicht schwer, die Zeichen des nahenden Sturms zu lesen. Jeden Moment konnte der Blitz aufzucken und der Donner krachen und rollen. Spannung lag in der Luft, man spürte sie förmlich in den Fingerspitzen.

»Es ist höchste Zeit zu gehen«, meinte meine Mutter und schubste mich zur Tür, die Neddy Leary schon eilfertig geöffnet hatte. Wie immer war Dinny Colman auch diesmal darauf aus, die Sache noch etwas hinzuziehen. Er postierte sich im Türrahmen und gab sich den Anschein, die wundervolle Landschaft zu bewundern, während er in Wirklichkeit nur warten wollte, bis der Streit richtig ausbrach. Er genoss das bereits, doch es sollte anders kommen, als er gedacht hatte. Hinter ihm stand Neddy Leary, der die Tür schließen und seinem Ärger endlich freien Lauf lassen wollte. Da Dinny sich nicht rührte, hob Neddy den rechten Fuß und drückte die Sohle seines Stiefels mit Wucht auf Dinnys Hintern. Der Bursche schoss ganz unfeierlich nach vorn und landete mit allen vieren auf der Erde. Kaum hatte Neddy zugetreten, knallte er die Tür zu, um ungestört mit dem Strafgericht im Hause beginnen zu können. Draußen rappelte sich Dinny auf, und lauschend wurden wir Zeuge dessen, was sich da drinnen begab. Der erste Schuss fiel in diesem Falle, als das Tintenfläschchen durchs Fenster geflogen kam. Dann hörten wir Stimmen, die durcheinanderschrien und sich in der Lautstärke hochschaukelten, bis es nicht mehr menschlich, sondern geradezu tierisch klang. Man hatte sich hemmungslos, jähzornig und ohne Rücksicht auf Verluste ineinander verbissen. Offenbar splitterte Holz, auch Töpferwaren wurden zerschmettert. Stellt man sich dazu noch das Gerassel von Kanistern, Pfannen, Eimern und anderen Zinkgeschossen vor, bekommt man eine Vorstellung von dem chaotischen Durcheinander.

Der Höhepunkt kam, als es gewaltig krachte und verängstigte Hühner wild gackerten. Der Hühnerverschlag war abgestürzt, ob durch Zufall oder Mutwillen, konnten wir nicht feststellen. Dann trat plötzlich Stille ein. Die Schlacht war vorüber. Die Tür ging auf, und eine Schar geschundener Rhode Islanders wankte und hinkte vom Schlachtfeld. Neddy Leary saß am Tisch und vergrub den Kopf in den Händen. Seine Frau und seine Schwester waren auf ihren Plätzen neben dem Kamin und schüttelten sich aus vor Lachen. Eine leblose Henne lag ausgestreckt auf dem Fußboden, der mit Trümmern übersät war.

»Los, kommt«, sagte meine Mutter, »die sind jetzt besser allein.«

»Die Teekannen dürften nun endgültig hin sein«, prophezeite Dinny Colman. Er war sauer, dass Neddy Leary ihm so übel mitgespielt hatte. Nur zögernd folgte er uns zum Pony und dem Zweispänner. Als wir schon den zweiten Hügel hochfuhren, grummelte Dinny immer noch über die Schmach, die man ihm angetan hatte.

»Erzähl doch mal, wie das damals war, als der erste Schuss losging«, bat ich ihn. Er überlegte eine Weile und fing dann an.

»Ich habe damals dort gearbeitet. Der Hof war tipptopp, wir hatten zwanzig Milchkühe und bestimmt drei Dutzend Federvieh. Damals waren nur die beiden da, Neddy und seine Schwester. Tom war schon in den Staaten, um dort sein Glück zu versuchen. Eines Nachts fiel Neddy nichts Besseres ein, als Dolly Mack vom Tanzabend im Dorf mit heimzubringen. Das machte er dann ständig, und es dauerte gar nicht lange, da beschloss das Paar zu heiraten. Schon am zweiten Tag nach der Hochzeit ging es mit dem Gezänk los. Wir waren gerade vom Wiesemähen hereingekommen. Die neue Hausfrau deckte den Tisch und wollte Eier kochen. Bridgeen saß an der Herdstelle und stopfte Socken. Alles war völlig ruhig und friedlich.

›Willst du ein Ei oder zwei?‹, fragte Dolly Neddy.

›Zwei, bitteschön‹, sagte er.

›Willst du ein Ei oder zwei?‹, fragte sie mich.

›Zwei, bitteschön‹, antwortete ich.

›Willst du ein Ei oder zwei?‹, fragte sie Bridgeen Leary, ihre Schwägerin.

›Von meinen Eiern kann ich doch wohl so viele nehmen, wie ich will‹, warf sie Dolly an den Kopf. Das war der erste Schuss, der zwischen den beiden losging, und natürlich wurde Neddy gleich mit hineingezogen. Bald danach flogen Teekannen, und nach dem, was wir heut erlebt haben, sind die nun endgültig hin.«

Übertriebene Sparsamkeit

Schuld am Tod von John Cutler war der Geiz seines Vaters. So hieß es später unter den Nachbarn. Und so sagte es auch Micky Kelly, der Postbote, und der kannte die Cutlers besser als alle anderen. Seine Hütte stand am Eingang zu deren Farm. John Cutler war fünfunddreißig, als er seinen Vater mit der Tatsache konfrontierte, dass er die Hälfte seiner Lebensspanne erreicht hätte und immer noch nichts vorzuweisen hatte.

»Ein paar Jahre noch«, klagte er, »und ich bin ein alter Mann.«

Sein Vater nickte, äußerte sich aber nicht weiter.

»Ich spiele mit dem Gedanken zu heiraten.« Erwartungsvoll warf er den Köder aus, aber der Vater biss nicht an.

John stand da und hoffte auf ein Zeichen des Mitgefühls oder Einverständnisses, als seine Mutter in die Küche kam. Sie spürte sofort, dass zwischen den beiden eine Kraftprobe im Gange war. Emsig machte sie sich an der Feuerstelle zu schaffen und betete im Stillen, dass ihr Herumkratzen in der Glut sie davor bewahrte, Partei ergreifen zu müssen.

»Was erwartest du von mir?« Tom Cutler erhob sich von seinem Stuhl und ging zur offen stehenden Tür, von der er wie geistesabwesend auf die Hügel in der Ferne schaute.

»Du könntest mir den Hof überschreiben«, legte ihm John nahe.

»Kommt nicht in Frage. Du weißt verdammt gut, dass ich das nicht tun kann.«

»Wieso nicht?«

»Nun hör sich das einer an. Fragt, wieso nicht, und weiß es ganz genau. Was soll aus deiner Mutter und mir werden, wenn du uns eine Frau ins Haus bringst?«

»Ihr könnt doch ein Zimmer haben.«

»Ha, ein Zimmer! Dass ich nicht lache, ein ganzes Zimmer für uns! Und was ist mit Essen und ein bisschen Geld?«

»In der Überschreibung werden die Garantien festgelegt. Der Notar wird schon darauf achten.«

»Der Notar wird aber nicht jeden Tag hier sein und darauf achten, dass die Garantien eingehalten werden! Ohne fünftausend Pfund kommt mir keine andere Frau ins Haus. Ich bestehe auch auf einer eigenen Behausung auf meinem Grund und Boden, muss gar nichts Pompöses sein, nur ein einfaches Häuschen für zwei. Ist das etwa zuviel verlangt?«

Verzweifelt hob John die Arme. »Woher soll ich fünftausend Pfund nehmen und das Geld für einen Hausbau?«, schrie er wütend.

»Sieh zu, dass deine zukünftige Frau ein Vermögen hat, das würde helfen.«

»Meine zukünftige Frau, wie du sie nennst, hat kein Geld.«

»Dann borg dir was«, sagte der Alte.

»Das ist unmöglich, nicht eine so horrende Summe;

ein paar tausend vielleicht, aber nicht das, was du verlangst.«

Tom Cutler zuckte mit den Schultern. »Es geht nicht anders, ich muss an mich und deine Mutter denken. Wer, wenn nicht ich. Ein anderer tut es nicht. Das hat sich tausendmal erwiesen. Und wenn du jetzt fertig bist, scher dich an die Arbeit und hole die Kühe rein.«

»So beendest du unser Gespräch? Wir reden über meine Zukunft, und ich soll die Kühe reinholen? Ist das alles, was du mir zu sagen hast?«

»Was soll es da sonst noch zu sagen geben? Höchstens, dass du dir selbst zu verdanken hast, wie es um dich steht.«

»Ich hätte es mir selbst zu verdanken?«, rief John aufgebracht.

»Du solltest der Wahrheit ins Gesicht schauen, mein Junge. In den letzten fünfzehn Jahren hat man dich nur noch Abend für Abend im Pub gesehen.«

»Ach, komm doch nicht damit«, wehrte sich John erbost. »Mehr als ein paar Pint habe ich nie getrunken, und das leistet sich jeder Bettler auf der Landstraße.«

»Jeden Abend ein paar Pint, da kommt in der Woche 'ne ganz schöne Menge zusammen«, hielt ihm der Vater vor. »Ein sparsamer Mann hätte da schon ein hübsches Sümmchen auf die hohe Kante gelegt.«

»Was hätte ich denn beiseitelegen können bei den erbärmlichen paar Pfund, die du mir zahlst? Ein Päckchen Zigaretten und ein Drink, da bleibt nichts mehr, rein gar nichts.« Mit geballten Fäusten schoss er an seinem Vater vorbei und hinaus.

»Suff und Zigaretten sind der beste Weg in die Armut«, rief der Alte, schleuderte ihm die Worte wie Steine einem räudigen Hund hinterher. Eine Weile blieb er schweigend in der Tür stehen, ehe er sich zu seiner Frau umdrehte.

»Wie findest du das?«, fragte er. Beide wirkten weitaus älter, als sie waren, einer so verhutzelt wie der andere. Bleiche, verhärmte Gesichter, vergammelte Zähne, krumme Rücken. Ein Spiegelbild von Entbehrung und Verzicht.

»Ich weiß nicht, was ich dazu sagen soll«, erwiderte Minnie Cutler.

Tom schüttelte den Kopf über die verfahrene Sache.

»Glaubst du, er hat ein Frauenzimmer?«

»Ich denke nicht«, meinte sie nach einer Weile, »jedenfalls nichts Festes.«

»Das dachte ich mir auch. Der möchte nur ans Erbe und es dann versaufen.«

»Wenn du ihm den Hof überschreibst, findet er vielleicht eine Frau. Solange das hier nicht sein Eigentum ist, nimmt ihn keine.«

»Das kann ich nicht machen. Wir wissen doch beide, dass das schiefgeht.«

»Wir haben doch aber genug, Tom. Gott weiß, wie viel du auf der Bank hast.«

»In dieser Welt kann man nie genug haben, du törichtes Weib. Wenn ich einmal gehe, ist das alles hier seins, aber bis dahin bekommt er seinen Lohn und wird nach meiner Pfeife tanzen. Ich habe mich krumm und dumm geschuftet für unsern Hof, und du nicht minder. Er wird schön warten, bis es soweit ist.«

»Ich weiß nicht, Tom.« Minnie Cutler verschränkte die Arme. »Er ist fünfunddreißig. Er muss langsam an Nachkommen denken. Die meisten Männer seines Alters haben ihren eigenen Grund und Boden oder bewirtschaften ihn wenigstens eigenständig.«

»Das geht nicht gut, Minnie«, beharrte Tom Cutler. »Schau dich nur um. Dann siehst du, wie das Los derer ist, die überschrieben haben.«

»Manchen geht es aber auch gut, Tom.«

»Herrgott noch mal, mach dir doch nichts vor, Frau. Die tun nur so, als ob es ihnen gut geht. Die meisten sind Gefangene auf dem Anwesen, das ihnen einst gehörte.«

»Genau das ist aber der Punkt, Tom. Alle, die ein Haus in der Stadt gekauft oder sich in Wohnungen eingemietet haben, sind mit ihrem Los zufrieden. Nur, wenn du zwei Frauen unter einem Dach hast, gibt es Ärger.«

»Willst du, dass ich meine Ersparnisse für ein Haus verschwende? Ist das dein Ernst?«

»Es muss ja nicht groß sein.«

»Natürlich muss es nicht groß sein, aber trotzdem kostet es eine Stange Geld, und am Ende sind wir arm und hängen von spärlichen Geldzuwendungen der Schwiegertochter ab.«

»Wenn du überschreibst, bekommen wir Altersrente.«

»Begreife endlich, Frau, dass ich nicht überschreibe.

Hältst du mich für verrückt? Soll ich mich mit einem Federstrich von allem trennen, was ich auf dieser Welt besitze?«

»Du könntest ja Halbe-Halbe mit ihm machen.«

»Das funktioniert nicht. Grund und Boden sind nicht groß genug, um zwei Familien zu ernähren.«

»Du könntest ihm doch aber sagen, dass du ihm den Hof in ein oder zwei Jahren überschreiben würdest.«

»Nein, das tue ich nicht, auch in zwanzig Jahren nicht, falls ich so lange lebe. Der Bursche will immer nur etwas haben. Er ist mehr fürs Genießen. Saufen, Paffen und Umherschwärmen – nur danach steht ihm der Sinn.«

»Trotzdem, wo immer er anpackt, leistet er gute Arbeit.«

»Ja, jetzt, aber was glaubst du, wie es läuft, wenn ich hier nicht mehr das Sagen habe?«

»Eine Frau würde schon dafür sorgen, dass es läuft.«

»Auf dem Hof braucht es einen sparsamen Mann, einen, der das Geld nicht sinnlos hinausschmeißt. Er kann noch ein Weilchen warten. Er wird es umso mehr zu schätzen wissen, wenn er alles bekommt. Ich geh jetzt und schau nach den Kühen.«

»Du hast wie immer recht«, lenkte Minnie Cutler ein. Die Erfahrung hatte sie gelehrt, nachzugeben, wenn es aussichtslos war, gegen ihn anzukommen. Folglich gab es nie richtigen Streit zwischen ihnen, zumindest in letzter Zeit nicht.

Über all die Jahre hatte sie ihm auch nie seinen Geiz vorgeworfen. Sie nahm die Situation als gegeben hin.

Seiner Auffassung nach reichte es nie dafür, etwas für Kleidung oder Urlaub oder Leckerbissen zur Seite zu legen. Er sorgte für das Allernotwendigste, aber auch nicht mehr. Sie hatte es sich abgewöhnt, um etwas zu bitten. Auf diese Weise herrschte wenigstens Frieden, und der wog in ihren Augen alle Entbehrungen auf. Verschwende nichts, begehre nichts – das war von dem Tag an, da er Besitzer der Farm war, sein Leitsatz gewesen. Er hatte die Farm hoch verschuldet übernommen. Minnies bescheidenes Vermögen hatte nicht viel geholfen, wohl aber ständige Pfennigfuchserei. Jetzt hatten sie Geld auf der Bank und auf dem Grund und Boden jede Menge Vieh. Als das Geld sich mehrte, wurde Tom nicht müde, den einen Satz zu wiederholen, den er erstmalig an dem Tag ausgesprochen hatte, als er endlich aus den roten Zahlen war. »Spare, und du bringst es zu was, wer spart, macht keine Miesen.« Mit jedem Jahr, das verging, klammerte er sich immer mehr an diese Maxime.

Es entging ihm nicht, dass seine Nachbarn und auch die Leute von weiter weg wegen dieser seiner Eigenschaft, die er für seine größte Tugend hielt, immer wieder über ihn redeten. Sein Geiz war längst zum lokalen Gespött geworden. Wenn am Kirchentor für karitative Anliegen gesammelt wurde und Tom Cutler erschien, stieß man sich schon unverhohlen an. Er spendete nie etwas, egal, um welchen Anlass es ging. Sowie er an den Tischen mit der Sammlung vorbei war, glitt ein schwaches Lächeln über sein Gesicht. Ein Lächeln, das einzig und allein seiner Befriedigung galt, dass er sein Geld zusammengehalten hatte. Dass er keinen Pfennig vergeudet hatte, war für Tom Cutler ein wahrer Grund zur Freude. In solchen Momenten sonnte er sich und genoss sein Glück. Andere Freuden kannte er nicht.

Sein Sohn John dagegen galt als anständig und rechtschaffen. Er hatte nicht viel, wie seine Nachbarn sagten, aber von dem wenigen, was er hatte, gab er anderen, wenn es Not tat.

»Nach seinem Vater kommt er nicht«, sagte Mick Kelly, »aber nach seinem Großvater, seines Vaters Vater. Der war ein rechtschaffener Mann. Hätte sich das Hemd vom Leibe gerissen für Notleidende.«

Es blieb nicht aus, dass solcherlei Beurteilungen über seinen Sohn auch Tom zu Ohren kamen. Er konnte nur über sie lächeln. John war also wie sein Großvater, eben der Großvater, der sich zu Tode soff und Haus und Hof mit Hypotheken belastete, eben der Großvater, der nicht mal mehr einen Shilling hatte, um seine Frau unter die Erde zu bringen, die frühzeitig vor Kummer und Scham starb. Tom hatte die paar Pfund, die er als junger Bursche zusammengespart hatte, hergeben müssen, um einen billigen Sarg zu erstehen und eine Messe für seine Mutter lesen zu lassen. Es war ihm eine bittere Lehre gewesen. Sein Vater hatte ihn dazu getrieben, Geld auf die hohe Kante zu legen. Gleich nach dem Begräbnis seiner Mutter hatte er sich geschworen, mit niemandem über Geldangelegenheiten zu sprechen, auch seine Frau war davon nicht ausgenommen. O ja, sie wusste, dass er Geld hatte, und ahnte wahrscheinlich auch zu Recht, dass es ein hübsches Sümmchen war, aber sie brachte nie die Rede darauf. Sosehr sie es auch nach dem einen oder anderen hübschen Stück gelüstete, Sicherheit ging ihr über alles. Anfänglich hatte sie noch an seinem Geld teilhaben wollen. Erst waren die Gardinen nicht gut genug, dann die Möbel, dann die Tapete und schließlich auch das Haus. Stets hatte er ihr geduldig zugehört. Er hielt sie mit Versprechungen hin, aber mit den Jahren brachte er etwas Geld zusammen und prahlte damit, dass sich seine Genügsamkeit auszahlte. Das wirkte. Sie sah allmählich ein, dass er recht hatte.

»Stell dir mal vor, wo wir jetzt wären, wenn ich nachgegeben hätte«, hielt er ihr immer wieder vor.

Sie hatten noch einen Sohn, Willie, Subunternehmer in England. Der war richtig sparsam. Am Tag seiner Abreise hatte ihm Tom das nötige Fahrgeld und eine Zehn-Pfund-Note gegeben.

»Wenn du dein Köpfchen gebrauchst«, hatte ihn der Vater gewarnt, »reißt du den Schein nicht unnötig an. Leg ihn zur Seite, und bald wird ihm ein weiterer Gesellschaft leisten.«

Und wie viel hatte Willie heute? Er stand blendend da, denn er hatte auf den Vater gehört. Und was noch viel wichtiger war, nur Willie wusste, wie viel Willie hatte. Denn das war der stete Ärger, wenn man Geld besaß. Ganze Jahre mühte man sich ab, um es zu sparen, und die liebe Verwandtschaft dachte nur daran, wie man es so schnell wie möglich ausgeben könnte.

Nach der Auseinandersetzung mit dem Vater änderte sich John Cutlers Verhältnis zu seinen Eltern dramatisch. Früher hatte er immer abends nach der Heimkehr aus dem Pub über die Neuigkeiten berichtet, die in der Nachbarschaft die Runde machten, oder über interessante Unternehmungen und Vorhaben der Kneipengäste. Auch hatten die Eltern stets voller Spannung auf den abendlichen Bericht gewartet, vor allem der Vater, egal, worum es ging, obwohl er sich nie dazu äußerte. Da diese Art der Unterhaltung nichts kostete, genoss er sie besonders. Meist waren sie schon zu Bett gegangen, bevor der Sohn nach Hause kam, aber die Schlafzimmertür blieb angelehnt, damit sie ja nichts verpassten.

Jetzt aber war jede Kommunikation zwischen ihnen zum Erliegen gekommen. Tom und Minnie hatte sein Schweigen zunächst nicht sonderlich beunruhigt, denn auch sonst war er des öfteren beleidigt und verschwiegen gewesen, doch das hatte sich nach ein paar Tagen gegeben. Diesmal aber war es anders. Eine Woche nach der anderen verstrich, ganze Monate vergingen, bis Tom schließlich die Schlafzimmertür zumachte und zu erkennen gab, dass ihn die Sache nicht weiter rührte. Zu etwa der Zeit begann John sein Äußeres zu vernachlässigen. Auch kam er oft betrunken nach Hause. Manchmal war er morgens nicht in der Lage, aufzustehen und die Kühe zu melken. Dann hörte Minnie, wie er in seinem Zimmer Selbstgespräche führte, und das machte ihr Sorgen. Als sie mit Tom darüber sprach, führte er das auf dessen Trinkerei zurück.

»Da siehst du, wie klug es war, das, was ich habe, festzuhalten«, triumphierte er. »Überleg mal, wie es uns erginge, wenn wir jetzt auf einen Säufer angewiesen wären.«

Schlimm wurde es erst richtig, als John eine Lohnerhöhung verlangte.

»Wofür brauchst du die?«, fragte sein Vater unwirsch.

»Ich brauch sie, um mithalten zu können«, erwiderte John geduldig.

»Mithalten zu können, womit? Mit den Preisen für Gesöff?«

»Nicht nur die Preise für Getränke sind gestiegen, du weißt das sehr gut. Ich brauche einen neuen Anzug und ein paar Hemden. Und meine besten Schuhe lassen sich auch nicht mehr reparieren.«

»Warte bis zum Jahresende«, hatte ihm der Alte Bescheid gegeben, »dann übersehe ich besser, wie ich dastehe.«

»Und die Lohnerhöhung?«

»Du willst das Geld doch sowieso nur fürs Trinken.« Mit diesen Worten war er ins Schlafzimmer gegangen und hatte sich eingeschlossen, die Auseinandersetzung war für ihn beendet. Verzweifelt hatte John den weiteren Abend bis Mitternacht im Pub verbracht. Als er nach Hause kam, hatte er versucht, die Schlafzimmertür zu öffnen, aber sie war noch immer verschlossen. Die Eltern hörten ihn in der Küche mit sich selbst sprechen. Eine lange Weile schwiegen beide. Dann brach Minnie das Schweigen, flüsternd nur, damit sie draußen nicht gehört werden konnte.

»Wäre es nicht besser, ein wenig nachzugeben?«

»Nein«, erklärte Tom entschieden.

»Er verhält sich aber so merkwürdig.«

»Willst du im Ernst, dass ich einem Verrückten nachgebe?«

»Nein, nein, das will ich nicht. Ich möchte nur, dass du ein kleines Zugeständnis machst.«

»Damit einer trinken kann, mache ich keine Zugeständnisse, Frau, merk dir das ein für alle Mal. Und nun schlaf.«

Minnie Cutler seufzte. Kurz bevor sie einschlief, murmelte sie nur: »Du hast, wie immer, recht.«

Am darauf folgenden Abend schaute Mick Kelly, der Briefträger, herein. Er erschien im Sonntagsstaat. Die Alten begrüßten ihn. John war nirgends zu sehen.

»Setz dich nur, setz dich.« Tom Cutler zog einen Stuhl ans Feuer.

»Und wie geht's der Frau?«, erkundigte sich Minnie Cutler.

»Danke, es könnte nicht besser gehen«, lautete die fröhliche Antwort.

In jedem anderen Haus in der Nachbarschaft wäre er fürstlich empfangen worden. Man hätte die Whiskeyflasche auf den Tisch gestellt und den Teekessel aufgesetzt. Minnie, die nie in die Verlegenheit solcher Situationen gekommen war, suchte jetzt krampfhaft nach passenden Worten, fand aber keine. Mick Kelly war ein angenehmer Nachbar. Allzu gerne hätte sie ihm etwas angeboten. Ihr Mann merkte, was in ihr vorging.

»Ich nehme mal an, du hast schon zu Abend gegessen, Mick«, sagte er mit gezwungener Heiterkeit.

»Bin grad erst vom Tisch aufgestanden«, lautete die Antwort.

»Wir hätten dir gern etwas angeboten«, meinte Minnie halbherzig.

»Oh, das weiß ich«, versicherte er, »ich weiß das sehr wohl.«

Es sollte überzeugend klingen, um Minnie nicht in Verlegenheit zu bringen. Er konnte sich nicht entsinnen, jemals auch nur einen Schluck Tee bei den Cutlers bekommen zu haben. Allen anderen ging es genauso. Selbst die Bettler machten einen großen Bogen um das Anwesen. Manche sagten sogar, auf den Eingangspfosten an der Straße wären kleine Zeichen eingeritzt, die in der Geheimsprache der Landstreicher angeblich »Zieh weiter, es lohnt nicht« bedeuteten.

Eine gute Stunde sprachen die drei über das Wetter, die Ernte, das Vieh, dann über die Nachbarn und schließlich über die große weite Welt. Der alte Stanley Herd war längst kalt geworden, da man nichts nachgelegt hatte. In der Asche gab es zwar noch etwas Glut, aber hätte man darin herumgestochert, wäre alles in den Aschekasten gefallen. Mick Kelly wusste, dass es für die Cutlers nicht in Frage kam, so spät am Abend das Feuer neu zu entfachen.

»Nun ja«, sagte er und stand auf. »Ich muss mich langsam auf den Weg machen, aber ehe ich gehe, sollte ich euch doch noch verraten, weshalb ich eigentlich gekommen bin.« Er räusperte sich und rieb sich die großen Hände, um anzudeuten, dass er ein heikles Thema zur Sprache bringen würde.

»Es geht um John«, begann er. »Vielleicht denkt ihr, ich sollte mich nicht in eure Angelegenheiten mischen, aber ich kenne euch drei schon ewig und darf euch vielleicht doch auf ein paar Dinge aufmerksam machen.«

»Was ist mit John?«, fragte Tom Cutler.

»Er ist nicht mehr Herr seiner selbst«, erwiderte Mick Kelly. »Der arme Kerl trinkt zu viel und hat Schulden gemacht. Nicht gerade viel, ein paar Pfund hier, ein paar Pfund da. Auch mir schuldet er einen Zehner, aber nicht deswegen bin ich hier, den könnte ich glatt verschmerzen, wenn er ihm wirklich weiterhilft.«

»Soll er doch zu trinken aufhören, dann hat er die Schulden bald abgezahlt«, meinte Tom schroff.

»Ich fürchte, das meiste, was er trinkt, spendieren ihm andere, weil er ihnen leid tut.«

»Ist er schon so weit runter, dass er sich das Gesöff zusammenschnorrt?«

»Nein. So ist das nicht. Aber wenn die Leute sehen, dass ein Kumpel Probleme hat, halten sie ihn eben frei. Es ist ihre Art, ihr Mitgefühl zu zeigen.«

»Und was erwartest du von mir?«

»Zahl ihm etwas mehr Lohn. Gib dem armen Burschen ein paar hundert, damit er seine Schulden begleichen kann. Das reicht schon. Du wirst sehen, er ist danach wie ausgewechselt.«

»Ich will dir jetzt was sagen, Mick Kelly, und dann ist Schluss.« Tom Cutler erhob sich und sah sein Gegenüber scharf an. Er fuhr sich mit der Zunge über die schmalen Lippen. »Als ich das hier übernahm, hatte ich nichts als Schulden. Man riet mir zum Verkauf, aber ich wollte um jeden Preis durchhalten. Es hat mich die besten Jahre meines Lebens gekostet, das Geld, das

mein Vater zum Fenster rausgeschmissen hat, zurückzuzahlen. Für einen jungen Mann wie mich damals war
das eine fürchterliche Belastung, und jetzt soll ich, alt
wie ich bin, auch noch die Schulden meines Sohnes
begleichen? Soll darin mein Leben bestehen, die Schulden von gleich zwei Säufern zurückzuzahlen, die vom
Vater und die vom Sohn?«

»Ich kann dir da nicht weiter raten, Tom«, erklärte
Mick Kelly ruhig. »Ich kann nur sagen, dass es um deinen Sohn nicht gut steht.«

»Ich bin daran nicht schuld, Mick.«

»Ich hab auch nicht gesagt, dass es an dir liegt, Tom.
Aber wenn das so weitergeht, verliert der arme Kerl den
Verstand, dabei wäre es für ihn ein Leichtes, sich Geld
zu verschaffen, wenn er nicht so verdammt ehrlich
wäre.«

»Wie meinst du das?«, fragte Tom Cutler und run-
zelte die Stirn.

»Er könnte doch glatt hinter deinem Rücken einen
Sack Korn verkaufen oder einen oder zwei Gallonen
Milch einem guten Freund zukommen lassen. Das ma-
chen viele so, und es stört keinen, aber für einen John
Cutler kommt so etwas nicht in Frage. Ab und an ein
Sack Kartoffeln weniger würde doch gar nicht auf-
fallen.«

Wütend stampfte Tom Cutler mit dem Fuß auf. »Er
soll sich unterstehen!«, rief er zornig. »Sollte auch nur
ein einzelnes Korn, eine Kartoffel, ein Liter Milch feh-
len, ich würde es sofort merken. Und das weiß er. Du
weißt das genauso gut, und ich weiß das, und deshalb

hat er bisher auch nichts mitgehen lassen. Ein erstes Mal würde ohnehin das letzte Mal sein. Vergiss nicht, ich habe noch einen zweiten Sohn, und der würde sich nicht zweimal bitten lassen, herzukommen.«

»Ich beschwöre dich, Tom, brich nicht deine Übereinkunft mit John.« Mick Kellys Ton war flehentlich.

»Ich habe mich an unser Abkommen gehalten. Er hatte sogar sein eigenes Vieh, hat nur den Erlös immer wieder versoffen.«

»Du kannst mir glauben, er trinkt nicht mehr als jeder andere.« Mick Kelly ließ nicht locker.

»Ich bin müde, Mick.« Tom Cutler setzte sich wieder. Er brachte damit deutlich zum Ausdruck, dass für ihn die Diskussion beendet war. Mick Kellys Blick wanderte zwischen den Eheleuten hin und her. Kurz erwog er, ein letztes Mal an den Vater zu appellieren, ließ es dann aber. Mann und Frau hatten sich etwas vorgebeugt und starrten unverwandt auf den Aschekasten des Stanley. Ihre Haltung bezeugte nicht nur ein gewisses Einvernehmen, sondern war auch die Aufforderung an Mick zu gehen.

»Gute Nacht«, warf Mick Kelly ihnen noch zu, als er die Küchentür öffnete.

»Gute Nacht, Mick«, sagten sie gleichzeitig, ohne sich nach ihm umzudrehen. Mick hatte das Gefühl, die Tür zu einer Grabstätte zu schließen. Mit raschem Schritt eilte er heim zu seiner Frau. Er hatte ihr versprochen zu erzählen, was er erreicht hatte, bevor er in den Pub ging.

Das Jahr neigte sich dem Ende zu, als John Cutler

einen letzten Versuch startete und dem alten Mann klipp und klar seine Forderungen stellte.

»Ich muss mich von Kopf bis Fuß neu einkleiden, es duldet keinen weiteren Aufschub. Du wirst außerdem die Summe, die du mir zahlst, verdoppeln. Nicht einen Penny weniger. Alle anderen in der Nachbarschaft stehen besser da als ich.«

»Lass es mich überdenken«, hatte Tom Cutler erwidert. »Noch ist das Jahr nicht zu Ende.«

Es war die Art und Weise, wie er ihn hatte abblitzen lassen, die John aufgebracht hatte. Als hätte er wie ein unbedachtes Kind ein unverschämtes Ansinnen gestellt, das man nicht ernst nahm und dem man nur spöttisch eine Abfuhr erteilte. Spielte sein Vater auf Zeit? Wenn ja, warum? Der Alte hatte in den letzten Wochen auffallend allein vor sich hin gearbeitet, sich nicht darum geschert, ob John morgens aufstand oder länger schlief, vor sich hin gepfiffen oder John gemieden, wenn der über sein Los grummelte. Das war eine völlig neue und unerklärliche Phase in ihrem Miteinander. Führte er etwas im Schilde? Der Herbst ging zu Ende, und John kam immer mehr ins Grübeln. Man bat ihn nicht mehr, im Dorf die nötigen Einkäufe für Haus und Hof zu erledigen. Wollte man ihn langsam, aber sicher ausbooten? Sowie er die Küche betrat, taten die Eltern ganz geschäftig, und wenn sie sich unterhielten, verstummten sie sofort, wenn er sich blicken ließ. Als wollte sein Vater ihn wissen lassen, dass er sich vorsehen solle, dass er mehr Eisen im Feuer hätte, als er dächte. Darauf gab es nur eine Antwort. Sie hatten mit Willie Kontakt aufgenommen, versuchten, ihn wieder nach Hause zu holen. Wie aber konnte er in Erfahrung bringen, ob das wirklich so war? Wenn es einer wusste, dann Mick Kelly.

»Das ist eine Frage, zu der ich mich, bei meiner Berufsehre, nicht äußern kann«, bekam John Cutler von Mick Kelly zu hören, als er von ihm wissen wollte, ob sein Verdacht auf Tatsachen beruhte, es zwischen seinem Vater und Willie zu einem Briefwechsel gekommen wäre.

»Danke, damit ist alles klar!« Triumphierend knallte er sein Glas auf die Theke.

»Mitnichten«, beschwichtigte ihn Mick. »Sie haben sich nicht geschrieben. Ehrenwort. Von der Ecke hast du nichts zu befürchten, zumindest entzieht es sich meiner Kenntnis.«

Niedergeschlagen schüttelte John den Kopf. »Er hat einen Trumpf im Hinterhalt – Willie, nur der kann es sein.«

Die Cutlers besaßen kein Auto.

Das einzige Zugeständnis, das Tom Cutler an Modernisierung machte, war, einen Traktor aus zweiter Hand anzuschaffen, und selbst das tat er nur zögernd. Bis dahin hatte er die Wirtschaft mit zwei Pferden betrieben. Sich von denen zu trennen, hatte ihm äußerst missfallen, nur der Kauf eines Ponys söhnte ihn mit deren Verlust aus. Geld für ein Auto auszugeben, kam für ihn nicht in Frage. Er ließ einen leichten Wagen für das Pony bauen, und mit dem fuhren er und Minnie sonntags zur Messe, nutzten den Wagen auch für gelegentliche Fahrten ins Dorf oder ins Moor, wenn die Zeit zum Torfstechen ran war. Der Traktor und der Hänger wurden hauptsächlich für den Milchtransport zur Molkerei benutzt und für die Arbeiten auf dem Acker. Allerdings nahm ihn John auch regelmäßig für seine Besuche im Pub.

Es war an einem Spätseptembermorgen, als der alte Mann sich beim Frühstück an seine Frau wandte. »Sowie du mit dem Abwasch fertig bist, spann ich das Pony für dich an. Wir brauchen etliches aus dem Dorf.«

Minnie nickte gehorsam.

»Kauf die nötigen Lebensmittel, ein viertel Pfund Nägel, Dreizöller, und sieben Meter Seil. Es ist Zeit, die getrockneten Soden aus dem Torfstich zu holen. Die Latten auf dem Hänger müssen festgezurrt werden, und wir brauchen auch neue Zügel.«

Wieder nickte Minnie ergeben. »Ist das alles?«

»Das ist alles.«

»Bring auch ein paar Glimmstängel mit«, bat John.

Das alte Paar wechselte Blicke, doch keiner verlor ein Wort. Tom stand auf und ging zur Tür. Bevor er ins Freie trat, drehte er sich zu seiner Frau um. »Du wirst das bringen, was ich dir gesagt habe, nur das und nicht mehr.« Mit den Händen in den Taschen verließ er pfeifend das Haus.

Schweigend erhob sich auch John und folgte ihm. Seine Mutter hatte ihn zurückhalten wollen, aber da war er schon draußen. Sie hatte ihm sagen wollen, dass sie hinter dem Rücken des Vaters ein paar Päckchen Zigaretten mitbringen würde, hatte aber kein Wort über die Lippen gebracht. Johns Gesichtsausdruck hatte ihr Angst eingeflößt. Sie befürchtete schon, er würde seinen Vater abfangen und es mit ihm ausfechten, aber nein, er ging schnurstracks zum Traktor, warf den Motor an und fuhr los. Was hatte doch Mick Kelly gesagt? »Ich kann dir da nicht weiter raten. Ich kann nur sagen, dass es um deinen Sohn nicht gut steht.«

Sie hatte es sich zur Gewohnheit gemacht, nicht lange über Probleme zu grübeln, und so konzentrierte sie sich auch jetzt auf ihre Fahrt ins Dorf. Trotzdem spürte sie, dass sich die Dinge zuspitzten. Ihr Inneres sagte ihr, dass etwas geschehen müsste, um Schlimmes zu verhüten. Mit ihrem Mann darüber zu sprechen war zwecklos. Sie hatte es seit Mick Kellys letztem Besuch mehrfach versucht, aber schon bei der ersten Andeutung hatte er sie nicht weiterreden lassen. Der Rosenkranz blieb ihr einziger Trost, von ihm erhoffte sie sich Beistand. Sie zog ihn aus der Schürzentasche und begann die endlose Reihe der Ave Marias. Den ganzen Weg zum Dorf und zurück würde sie beten und in der Pfarrkirche Kerzen anzünden. Diese Vorstellung tröstete sie. Die Altarkerze allein mit ihrem friedvollen Schein würde sie in einen anderen Zustand versetzen, würde Balsam auf ihre Seele sein. Nur selten konnte sie sich solche Momente der Besinnung gönnen. Leichtfüßig, wie seit Monaten nicht mehr, führte sie das Pony zur Straße. Im Dorf sah sie vor einem der Pubs einen Traktor stehen, der Johns hätte sein können, aber dank der neu gewonnenen Hochstimmung konnte sie den Gedanken, irgendwas damit zu tun zu haben, verdrängen. Alles, was sie plagte, würde in der Kirche von ihr abfallen. Davon war sie fest überzeugt, wie sollte es auch anders sein. Hatte sie nicht Anspruch darauf?

Mick Kelly stieg am Eingang zum Hof der Cutlers von seinem Motorrad. Nicht, dass er einen Brief für sie gehabt hätte, aber er hatte beschlossen, einen zweiten Vorstoß bei Tom Cutler zu wagen. Am Tag zuvor war er Minnie auf ihrem Weg ins Dorf begegnet, aber sie hatte ihr Pony kein bisschen gezügelt, nicht einmal seinen Gruß erwidert. Doch dass die Perlen des Rosenkranzes durch ihre Finger glitten, hatte er sehr wohl bemerkt. Er war dann wieder aufgestiegen und weitergefahren, hatte sich aber vorgenommen, einen zweiten Versuch zu machen. Diesmal würde er nicht locker lassen und Minnie mit ins Gespräch ziehen, ob sie es wollte oder nicht. Er glaubte, dass sie im Innersten ihres Herzens Mitgefühl für John hegte, und das wollte er ausnutzen. Wenn er sie bei seiner Ankunft allein vorfinden würde, wäre das von Vorteil, doch selbst wenn nicht, würde er sie zur Stellungnahme zwingen. Die Fläche links vom Haus wirkte anders als sonst und unheimlich. Die letzten Blätter der Eschen, die dort standen, raschelten im Morgenwind. Das ihm vertraute Umfeld hatte etwas Befremdliches an sich. Ihn trieb die Neugier nachzuforschen, was es damit auf sich hatte, aber er brachte es nicht fertig, sich genauer umzuschauen. Das mochte daran liegen, dass er im Unterbewusstsein die grauenvolle Wahrheit ahnte. Er zwang sich, den Blick nach links zu wenden, und kaum, dass er seine schlimmsten Befürchtungen bestätigt sah, stand in seinen Augen das blanke Entsetzen. Was da leise schwankte, war nur noch das Zerrbild eines menschlichen Körpers. An dem kräftigen Zweig einer der Eschen hing John Cutler, um den Hals das glänzend schimmernde Seil, das seine Mutter tags zuvor im Dorf erstanden hatte. Die Füße waren bloß, die Schuhe waren von ihnen geglitten und lagen auf der Erde. Mick Kelly bekreuzigte sich. Achtlos ließ er das Fahrrad fallen und war in der Aufwallung seiner Gefühle im Begriff, gegen die Küchentür zu donnern. Im letzten Moment besann er sich eines Besseren, holte tief Luft und klopfte sacht an. Unversehens ging die Tür auf, und er sah sich Tom Cutler gegenüber.

»Ich bringe schlechte Nachricht.« Mick Kelly hielt den Kopf gesenkt, um den Blick in die wässrigen Augen zu vermeiden. Doch Tom Cutler machte es ihm leicht.

»Ich weiß«, sagte er. »Ich wollte gerade Hilfe holen.«

Er hatte sich, wie er erklärte, nur rasch umgezogen und ein frisches Hemd übergestreift. Seine Jacke lag auf dem Tisch. Minnie saß stumm am Stanley, den Rosenkranz zwischen den Händen, und wiegte den Körper vor und zurück. Ihre Lippen bewegten sich im stillen Gebet.

»Kannst du ihn herunterholen?«, fragte Tom Cutler.

»Selbstverständlich.« Mick war von der sachlichen Herangehensweise des Alten überrascht. Es musste ihn schließlich tief getroffen haben, und trotzdem wirkte er völlig beherrscht.

»Du wirst eine Leiter brauchen«, sagte Tom Cutler.

»Und ein Messer«, fügte Mick hinzu.

»Wofür ein Messer?«

»Um das Seil durchzuschneiden.«

»Was du brauchst, ist eine Säge«, erklärte Tom. »Eine Säge, um den Ast abzusägen.«

Mick traute seinen Ohren kaum, als er die Begründung des alten Mannes hörte. »Einen Ast hat man umsonst, ein Seil kostet Geld. Außerdem benötige ich es für neue Zügel.«

Er knöpfte sich die Jacke zu und ging Mick voran zu einem kleinen Anbau, holte eine Leiter heraus und reichte sie Mick. Dann ging er noch einmal hinein und erschien gleich darauf mit einer rostigen Säge. Er bedeutete dem etwas ratlosen Mick, ihm zu folgen, und stapfte hinüber zu der kleinen Baumgruppe. In der Krone der Esche tanzten die Blätter über seinem toten Sohn. Einige fielen zu Boden und verdichteten den bereits vorhandenen Blätterteppich.

Dousie O'Dea

In der Gemeinde Tanvally konnte man nach Dousie O'Dea fragen, wen man wollte, die Antwort war stets dieselbe. Es gäbe weit und breit in der Grafschaft keine ihresgleichen, was das Herrichten von Leichen für die Aufbahrung anging. Mit zunehmendem Alter machte sie sich mit ihrer Dienstleistung rar, wurde wählerisch und übte ihre Kunstfertigkeit nur noch in seltenen Fällen aus. Und schon bald kam der unheilvolle Tag, an dem sie erklärte, sich gänzlich aufs Altenteil zurückzuziehen. Niemand vermochte sie zu überreden, weiterzuarbeiten. Selbst ein auf dem Totenbett geäußerter letzter Wunsch konnte sie nicht erweichen.

Es waren die kleinen Ungereimtheiten, in denen sich Dousie übertraf. Wo einst, als das Leben in den Schläfen pulsierte, eine Warze das Gesicht verunziert hatte, war sie im Antlitz des Toten völlig verschwunden. Haar, das bei dem lebendigen Menschen glatt und strähnig gewesen war, verwandelte sich unter Dousies Frisierkunst zu einer lockigen Pracht, sodass selbst erfahrene Trauergäste bei dessen Anblick den Atem anhielten. Für die Behandlung von Runzeln und Falten hatte sie ein besonders glückliches Händchen. Sie massierte und knetete die alte Haut von Senioren so gekonnt, dass eine Runzel nach der anderen auf wunderbare Weise verschwand; schließlich erstrahlte die Gesichtshaut zart und geschmeidig wie die eines jungen Mädchens. Unschöne Pickel wurden zu attraktiven Schönheitsflecken, kleinere Unstimmigkeiten an Hals oder Ohren erfuhren eine raffinierte Korrektur. Hatten sie vorher das Aussehen beeinträchtigt, so erschienen nun die Proportionen im rechten Licht.

Ein einziges Mal nur war ihre Kunstfertigkeit professioneller Begutachtung unterworfen. Es ging um die Leiche eines gewissen Baldy Mullane, eines alten Landarbeiters, der sich völlig unerwartet beim Stecken von Zwiebeln auf dem Stückchen Land hinter seiner Hütte vom Leben verabschiedet hatte. Man hatte Dousie gerufen, um ihn für seine Reise in die nächste Welt herzurichten. Mit der ihr üblichen Selbstverständlichkeit war sie der Aufgabe nachgekommen. An Getränken hatte es auf der Totenwache zur nächtlichen Stunde nicht gemangelt. Zwei Achtzig-Liter-Fässer Porter standen bereit, auch Wein und Whiskey flossen reichlich. Baldy selbst hatte zu Lebzeiten für eine anständige Totenwache vorgesorgt. Auf dem Höhepunkt der Trauerfeierlichkeiten, als sich vor dem Raum, in dem der Tote aufgebahrt war, die Trauergäste nur so drängten, hieß es plötzlich, ein Reisender aus Amerika namens Louis Blep sei eingetroffen und habe den Wunsch geäußert, dem Toten die letzte Ehre zu erweisen, wolle aber gleichzeitig auch die Ausstattung der Leiche begutachten. Blep war eine kleine, rundliche, redselige Person, seine Mutter stammte aus Tanvally, war dort geboren und aufgewachsen, dann aber aus Gründen der Arbeitssuche gezwungen gewesen, nach Amerika auszuwandern. In Chicago hatte sie einen erfolgreichen Bestattungsunternehmer deutscher Herkunft geheiratet. Er hieß Ernst Blep, und Louis war der einzige Spross dieser ehelichen Beziehung. Unmittelbar nach seiner Konfirmation hatte ihn seine Mutter für die Ferien nach Tanvally zu ihrem Elternhaus gebracht, und seitdem hatte Louis die mütterliche Heimstatt regelmäßig besucht. Seine Mutter und die Großeltern waren schon lange tot, doch an Verwandten mangelte es nicht. Bei einem dreiwöchigen Urlaub konnte er gut und gerne reihum für ein paar Tage Unterschlupf finden. Selbst wenn er nichts von O'Deas Fähigkeiten als Heimbürgin gewusst hätte, mit seinem Auftauchen im Trauerhaus hatte man so oder so gerechnet.

Zur Begrüßung empfing ihn Baldy Mullanes Tochter mit einem randvollen Glas Whiskey, das er ohne Umschweife pur hinunterkippte. So wollte es der Brauch. Kaum, dass er hatte Luft holen können, wurde ihm ein zweites eingeschenkt. Das nahm er in maßvolleren Schlucken zu sich, musste er doch zwischendurch den Angehörigen sein Beileid aussprechen. Als er sich der Tür näherte, hinter der der Tote aufgebahrt war, begann ein allgemeines Drängen in die gleiche Richtung. Man wollte aus seinem Munde die Bestätigung dessen hören, wovon man seit langem überzeugt war, dass nämlich keiner gegen Dousie O'Dea ankam, was das Herrichten einer Leiche für die Totenwache betraf. Nur einige wenige erhofften sich von dem Besuch, dass Dousies Ansehen einige Kratzer bekommen würde. Das ist der Preis, den jeder, der zu Ruhm gelangt ist, zahlen muss, egal, ob in Tanvally oder sonst wo auf der Welt – immer wird es Menschen geben, die für einen neben sich kein gutes Wort haben.

Bevor Louis Blep den Raum betrat, reichte er Bessie Mullane das leere Glas. Es wäre wenig schicklich gewesen, es mit an die traurige Stätte zu nehmen. Das Glas Bessie anzuvertrauen war zudem eine Garantie, es bei seiner Rückkehr in die Küche wieder gefüllt zu bekommen. Für einen kurzen Moment geriet Louis ins Zögern. Er hatte im Voraus für sich beschlossen, Dousies Bemühungen keiner Kritik zu unterziehen, wiederum beabsichtigte er auch nicht, sie über Gebühr zu loben. Ein freundliches Lächeln und ein leichtes, anerkennendes Kopfnicken würden die Umstehenden zufriedenstellen. Doch auf ein derart überzeugendes Kunstwerk, das sich ihm bot, war er nicht gefasst gewesen. Der Aufgebettete bot das Bild eines Vierzigjährigen. Das Haupt erstrahlte im Licht der Kerzen, die zu beiden Seiten in Zinnhaltern steckten. Das makellose Antlitz widerspiegelte reine Heiligkeit, hätte man seinen Ausdruck in Worte übertragen können, wäre dort zu lesen gewesen: »Bin auf direktem Weg in den Himmel. Baldy Mullane.«

Louis ging auf ein Knie nieder und flüsterte ein hastiges Vaterunser für die Seele des Verblichenen. Auf der anderen Seite der Bahre saßen auf strohgeflochtenen Stühlen etliche dunkel gekleidete, ältere Frauen, deren geübtem Auge nichts entging. Selbst die geringste Veränderung auf seinem unergründlichen Gesichtsausdruck hätten sie wahrgenommen und entsprechend gedeutet. Ab und an tuschelten die frostigen Gestalten miteinander, zwinkerten sich zu oder stießen sich an – Zeichen von Zustimmung oder Ablehnung über das Verhalten dieses oder jenes Trauergastes. Im Allgemeinen aber bewahrten sie eisige Stille und verwiesen so überschwängliche oder betrunkene Besucher sofort des Ortes. Gerechterweise musste man ihnen zugestehen, dass sie dafür sorgten, den Ernst der Stunde zu wahren. Louis Blep erhob sich, bekreuzigte sich, nickte ehrfurchtsvoll den wachsamen Alten zu und verließ die heilige Stätte. Draußen wurde er sofort umringt, konnte sich aber fürs Erste mit einem vollen Glas retten, das ihm Bessie Mullane reichte.

»Und?« Einer hatte sich zum Sprecher der Gruppe gemacht und die Frage gewagt.

»Ich habe in meinem Leben schon viele Visagen von Toten gesehen«, erwiderte Louis Blep und fuhr aus ehrlichem Herzen fort, »aber noch nie so eine wie die da drin. Der Mann ist eine ausgesprochene Schönheit. Wie ist der Name der Dame?«

»Dousie O'Dea«, kam es wie im Chor.

»Sie ist ein Naturtalent. In den Vereinigten Staaten brächte sie es mit ihrem Können im Handumdrehen zur Millionärin.«

Dieses Urteil besiegelte Dousie O'Deas ohnehin schon unumstrittenen Ruf. Louis Bleps Lobpreisung ging von Mund zu Mund. Seit jener Nacht kam es einer Gotteslästerung gleich, wenn jemand ahnungslos und versehentlich eine geringschätzige Bemerkung über Dousie fallen ließ. An ihrem Ruf war nicht zu rütteln. Kein Wunder, dass die Aufgabe ihrer segensreichen

Tätigkeit viele, die auf ihre Fürsorge beim Heimgang gehofft hatten, schmerzlich traf. Die Jahre gingen dahin, und Dousie widerstand den hartnäckigen Anfragen und Bitten. Letztendlich gewann jede Familie, die darauf verweisen konnte, dass Dousie O'Dea eines ihrer Mitglieder für die Totenwache hergerichtet hatte, an Ansehen. Eine Stradivari zu besitzen konnte kaum rühmlicher sein. Dem Toten, an den sie Hand angelegt hatte, gereichte es zu Ruhm und Ehre, ein Gedenkstein aus Marmor oder ein keltisches Kreuz verloren dagegen an Wert. Und dabei hatte Dousie nichts an Geschick eingebüßt oder Grund gehabt, von Alters wegen sich nichts mehr zuzutrauen.

Im Innersten ihres Herzens wusste sie, dass all ihre Verschönerungsarbeiten, exzellent und einmalig, wie sie waren, die gleiche Handschrift trugen, von unveränderlicher Struktur waren, gewissermaßen so etwas wie sinnlose Kopien darstellten. In Grunde genommen gab es keine, die eine andere an Vollkommenheit überragte. Ein jeder bestätigte, dass alle ihre Arbeiten Meisterwerke und durch nichts zu übertreffen waren. Aber sollte sie sich damit begnügen? Müsste es nicht ein Glanzstück geben, das die Krönung all ihrer Bemühungen war? Es war ein Gedanke, der heimlich in ihr nagte, und je älter sie wurde, desto weniger ließ er sie in Ruhe. Sie gab sich alle erdenkliche Mühe, sich eine der von ihr geschönten Leichen als die gelungenste von allen vorzustellen, aber es wollte ihr nicht gelingen. Wie sollte sie auch wissen, dass ein wahrer Künstler nie völlige Zufriedenheit erlangt.

Mit der Zeit traten andere an ihre Stelle. Es bot sich ihr genügend Gelegenheit, die Endprodukte ihrer Nachfolger in Augenschein zu nehmen. Das brachte das Leben einfach mit sich. Wenn Nachbarn starben, musste man sein Beileid bezeugen, und das bedeutete, am Totenbett niederzuknien und zehn Ave Marias zu beten. Da musste man schon blind sein, wenn man derweil nicht den Aufgebahrten wahrnahm. Jedes Mal, wenn sie sich dann erhob, murmelte sie den gleichen Spruch. »Eine schöne Leiche, Gott segne sie«, und war es ein Mann »Ein stattlicher Toter, Gott segne ihn.« Nie kam eine andere Bemerkung über ihre Lippen. Es war genau der Spruch, den alle anderen sagten und den das Ritual eines Besuches im Totenhaus vorgab. Kam es vor, dass ihre Nachfolger sich mit ihrer Arbeit übertroffen hatten, warteten die an der Bahre sitzenden, grimmig dreinschauenden Wächterinnen gespannt auf Dousies Reaktion. Doch sie blieb sich und dem vorgeschriebenen Ritual treu.

Es war an einem Abend Mitte Januar, es hagelte und stürmte, als Dousie O'Dea unerwarteten Besuch bekam. Jack, ihr Mann, ging auf das zaghafte Klopfen hin zur Tür. Jack und Dousie waren nicht mit Kindern gesegnet. Sie begnügten sich mit ihrer Zweisamkeit und hatten kein großes Verlangen nach weiterer Gesellschaft.

»Wer ist da?«, rief Jack O'Dea.

»Nur wir sind's«, hieß es von draußen.

»Schön und gut, aber was heißt ›wir‹?«

»Na wir, Thade und Donal Fizzell.«

Jack erkannte Thade Fizzells donnernde Stimme.

»Bei Gott«, hörte man Dousie in ihrer Herdecke sagen, »die kommen wegen ihrer Schwester Jule, die ist bestimmt tot.«

Die Brüder standen in der Tür und schüttelten sich die Hagelkörner von Mütze und Schultern.

»Gott segne euch.« Es kam wie aus einem Mund.

»Legt die Mäntel ab und kommt ans Feuer«, begrüßte sie Dousie, stand auf und nahm ihnen das nasse Zeug ab.

»Das Wetter kennt kein Erbarmen«, stellte Thade Fizzell fest, ohne jemanden direkt anzusprechen.

»Nicht mal einen Hund jagt man bei so einem Wetter raus«, ergänzte Donal, der kleinere und jüngere von den beiden, die Bemerkung seines Bruders. Als alle am Feuer zusammengerückt waren und sich gesetzt hatten, nahm Dousie eine Flasche und Gläser aus einer verborgenen Ecke oben in der Herdwand. Die Flasche enthielt *poitcheen,* selbstgebrannten Whiskey. Sie schenkte großzügig ein, bis die Brüder heftig abwehrten, und gab sicherheitshalber noch einen Schuss hinzu, denn sie ahnte, dass der Protest nicht ernst zu nehmen war. Die Unterhaltung kam erst in Gang, als die Brüder schon bei ihrem zweiten Glas waren. Man sprach über die Launen des Winters, die Qualität des Viehfutters und der Kartoffeln und gelangte erst über diese Umwege zu dem eigentlichen Anliegen des Besuchs. Aber so wollte es die Sitte, egal, wie wichtig das Problem war, man fiel nie mit der Tür ins Haus, sondern vertat etliche Zeit mit Belanglosigkeiten. Derart nebensächliche

Ausschmückungen waren dazu angetan, die Spannung auf das Wesentliche zu schüren, und in diesem Falle war es, wie Dousie vorausgesagt hatte, das Dahinscheiden der Jule Fizzell. Da die Brüder Anfang beziehungsweise Mitte siebzig waren, musste Jule als die Älteste der Familie etwa die achtzig erreicht haben.

»Hatte die Ärmste ein rasches Ende?«, fragte Dousie, nachdem Thade und Jack deren Tod verkündet hatten.

»Es ging mehr als rasch«, antwortete Thade Fizzell und schnipste mit den Fingern, um zu verdeutlichen, mit welcher Geschwindigkeit sich ihre Schwester aus dem Leben davongemacht hatte.

»Sie saß am Feuer und stopfte Strümpfe, als man plötzlich die Nadel auf dem Steinfußboden klimpern hörte, und da glitt ihr auch schon die Socke aus der Hand.«

»Möge der liebe Herrgott ihr im Himmel ein silbernes Bett zugestehen.« Jack O'Dea war es, der den frommen Wunsch äußerte.

Thade Fizzell überging die flehentliche Bitte und kam zur Sache. »Ihr wisst natürlich, dass sie nicht gerade mit Schönheit gesegnet war.«

Die O'Deas nickten verständnisvoll.

»Um ehrlich zu sein«, fuhr Thade fort, »man hätte wohl kaum eine hässlichere Person finden können.«

»Sie war der unansehnlichste Mensch, den ich je gesehen habe«, unterstrich Donal Fizzell die Bemerkung seines Bruders. »Obwohl sie meine Schwester war, habe ich immer, wenn ich unterwegs war, ein Auge darauf gehabt, ob es andere gibt, die noch schrecklicher aussehen, aber ich habe nie ein hässlicheres Wesen gefunden. Unsere Jule übertraf einfach alle. Sie verschreckte sogar die Schulkinder auf ihrem Heimweg, wenn die sie zu Gesicht bekamen. Selbst die Krähen flogen auf, wenn unsere Unglücksschwester den Kopf hob.«

Wieder nahm Thade das Wort.

»Als sie noch tanzen ging, haben sich die Männer beim Unterhalten immer zur Seite gedreht, um ihr nicht direkt ins Gesicht sehen zu müssen. Schließlich blieb sie dem Tanzboden fern und zog sich an den häuslichen Herd zurück. Heiratsvermittler suchten für sie mögliche Freier, aber einmal Hinsehen und wieder Verschwinden war eins. Es war ein Jammer mit ihr, dabei war sie das gutmütigste Wesen von der Welt. Ihre Brust umschloss ein großes Herz, nie habe ich ein böses Wort aus ihrem Mund vernommen, sie beschimpfte niemanden, ob lebendig oder tot.«

Thade Fizzell bemerkte, wie über Dousie O'Deas Antlitz Tränen rannen. Er stieß seinen Bruder an, und der begriff die Aufforderung. »Die gute Seele«, fing er wehmütig an, »nichts lag ihr mehr am Herzen, als andere glücklich zu sehen. Für sich selbst hatte sie nur einen Wunsch, und den wiederholte sie immer wieder. ›Um eines bitte ich euch, Jungens, ihr wisst schon, worum.‹ Wir brauchten gar nicht nachzufragen, bekamen wir es doch tagtäglich zu hören. ›Wenn ich einmal auf dem Totenbett liege, holt Dousie O'Dea, sie soll mich für die Aufbahrung zurechtmachen.‹ Nicht nach dem Papst von Rom hat sie verlangt, nicht nach Kardinälen mit ihren roten Hüten. Einzig und allein nach Dousie O'Dea, um sie für die Totenwache herzurichten.«

Es kam zu einem langen, peinlichen Schweigen, das schließlich Jack O'Dea unterbrach.

»Jungens, Dousie fühlt sich von dem, was ihr sagt, ungemein geehrt, aber das, was ihr verlangt, ist unmöglich.«

»Dann soll sie es uns selber sagen«, meinte Thade Fizzel entschieden. »Wenigstens das dürfen wir erwarten.«

»Es ist so, wie Jack gesagt hat.« Dousies Worte klangen wie ein Schlusspunkt.

»Mit einem Gesicht, wie Jule es hat, wird sie nie in den Himmel kommen«, stellte Donal Fizzell traurig fest. »Sie schämt sich da viel zu sehr und steht für immer und ewig vorm Himmelstor. Wir hätten vielleicht gar nicht erst fragen sollen, denn keine Macht auf Erden ist imstande, ein so hässliches Wesen wie unsere Schwester in eine präsentable Leiche zu verwandeln. Das schafft niemand.«

»Ich habe nicht gesagt, dass das nicht zu schaffen wäre«, widersprach ihm Dousie herausfordernd.

»Du würdest es also tun?« Ein Hoffnungsschimmer lag auf Thades gutmütigem Gesicht.

»Das habe ich damit nicht gesagt«, wies Dousie ihn zurecht. »Doch nach all dem, was ihr geschildert habt, und in Anbetracht dessen, was eure arme Schwester auf dieser Welt wegen ihres Aussehens hat erleiden müssen, werde ich sie für euch herrichten, aber es ist das letzte Mal, dass diese Hände einen Toten für die Aufbahrung schön machen.«

Die Brüder konnten sich vor Entzücken kaum halten. Alt, wie sie waren, legten sie auf den Steinplatten vorm Herd einen Tanz hin und waren erst zu bremsen, als Jack O'Dea sie daran erinnerte, dass zu Hause ihre tote Schwester lag. Sowie die beiden wieder zur Ruhe gekommen waren, nahm Dousie die Dinge resolut in die Hände.

»Jack, geh und spann an. Und ihr, Jungens, macht, dass ihr nach Hause kommt und kümmert euch um die Totenwache. Ich suche nur rasch zusammen, was ich brauche.«

Im Heim der Fizzells tat Dousie ihre Arbeit allein und in aller Stille. Sie riegelte die Tür zum Raum mit der Toten von innen ab. Für sie stand seit langem fest, dass sie ihr Können mit ins Grab nehmen würde. Immer wieder hatte man ihr vorgeschlagen, Nachwuchs auszubilden oder wenigstens eine der Totenwäscherinnen anzulernen, die nach ihr das Amt übernahmen. Stets hatte sie ein taubes Ohr für derlei Ansinnen gehabt. Sie war sich darüber im Klaren, dass sie mit dem Preisgeben ihrer Geheimnisse an Ehrerbietung, die sie in der Gemeinde genoss, einbüßen würde. Zudem war sie davon überzeugt, dass man – ähnlich wie Poeten – als Heimbürgin geboren und nicht dazu gemacht wurde. Jule Fizzell erwies sich als der schwierigste Fall, der ihr je begegnet war. Zum Glück hatte sich Dousie ihre alte Geschicklichkeit bewahrt. Auch wirkte sich die lange Arbeitspause nicht negativ auf ihre Fingerfertigkeit aus. Eine Stunde verging, dann eine weitere. Von der Küche her fragte man, ob alles in Ordnung wäre. Sie bestätigte das und bat darum, nicht durch weitere Fragen gestört zu werden. Sie brauchte für die gegenwärtige Aufgabe äußerste Konzentration. Es gab Augenblicke, da war sie am Verzweifeln, ob ihr eine Veränderung zum Positiven gelingen würde, denn an dem äußeren Erscheinungsbild, das es zu bearbeiten galt, stimmte aber auch rein gar nichts. Die Nacht schritt voran, Schweißperlen standen ihr im Gesicht. Aber sie gab nicht auf, und langsam, aber sicher nahm ein Meisterstück Form an. Eine leichte Erregung erfasste sie, als ihr aufging, dass das, was unter ihren Händen entstand, das Herzstück in dem Mosaik ihres künstlerischen Schaffens werden könnte. Nach fast drei Stunden unermüdlicher Arbeit hatte sie das Unmögliche vollbracht. Triumphierend saß sie auf der Bettkante der Toten. Das erste Mal in ihrem Leben genoss sie den Rausch umfassender künstlerischer Befriedigung.

»Das ist nicht unsere Schwester«, murmelte Donal Fizzell völlig verblüfft.

Thade stand wie angewurzelt da und fand erst nach einer Weile seine Stimme wieder. »Doch, es ist unsere Schwester. Vielleicht hätte sie schon vorher so aussehen können, wenn Gott es gefallen hätte.«

Von dem Augenblick an, da sich die Augen der Eheleute getroffen hatten, war sich Jack O'Dea bewusst, dass Außergewöhnliches geschehen war. Als er die Leiche betrachtete, spürte er etwas von dem Hochgefühl, das seine Frau erfasst hatte. Auf dem Bett vor ihm lag eine der schönsten Frauen, der er je begegnet war. Das Gesicht, einst die reinste Farce, glich jetzt dem eines

Engels, die scharfen Konturen waren wie von Zauberhand zu weichen Linien geformt. Die Fizzell-Brüder
hatten sich auf Stühle gesetzt und trauten ihren Augen
kaum, schauten wie gebannt auf die vor ihnen liegende
betörende Gestalt. Ab und an schüttelten sie den Kopf
oder wechselten stumm fassungslose Blicke. Um der
Wahrheit die Ehre zu geben, man hätte auch keine
Worte finden können, die Dousies Wunderwerk ge-
recht geworden wären. Die einzigen treffenden Worte
wären vielleicht »wie lebendig« gewesen, denn nie hatte
Jule Fizzell lebendiger ausgesehen als jetzt auf dem
Totenbett. Zu ihren Lebzeiten hatten Männer ihren
Blick von ihr abgewendet. Jetzt im Tod würde ihr Blick
ein zweites Mal auf ihr haften bleiben, und auch später,
wenn die Erde sie aufgenommen hatte, würde man sich
an die betörende Schönheit erinnern. Lange saßen die
Brüder wie hypnotisiert, bis sie endlich tätig wurden.
Die Totenwache wollte bedacht sein, der Leichenbestat-
ter benachrichtigt werden. Es galt, Getränke aus dem
Dorf heranzuschaffen. Lebensmittel mussten gekauft
werden, die Verwandtschaft war zu benachrichtigen.
Keines der tausend kleinen Dinge, die eine würdige
Totenwache ausmachten, durfte vergessen werden.

In der Gemeinde von Tanvally gab es nächtliche Er-
eignisse, die jedem in Erinnerung waren. Dazu gehörten zum Beispiel die Nacht mit dem großen Wind und
die Nacht mit Horans letztem Zaunkönigtanz. Als ähnlich denkwürdiges Ereignis sollte fortan Jule Fizzells
Totenwache gelten. Die Trauergäste strömten von nah
und fern herbei. Allein, zu zweit und in hellen Scharen

kamen sie, um das Fizzell-Phänomen zu sehen. Wer sie persönlich gekannt hatte, war von ihrer Verwandlung ergriffen. Wer nur aus purer Neugierde gekommen war, spendete überschwänglich Lob. Niemand konnte sich erinnern, eine Leiche von so viel Liebreiz und Lebendigkeit gesehen zu haben. Die Totenwache war von Anbeginn ein Erfolg. Hatten die Brüder ursprünglich befürchtet, sie würde eine einzige Peinlichkeit sein, verhalf ihnen jetzt die verschiedene Schwester zu Ehre und Ruhm. Sie wankten zwischen Küche und Sterbezimmer hin und her, nahmen Beileid und Anerkennung entgegen. Mitten im Begängnis schien die Getränkeversorgung gefährdet. Rasch wurde ein Bote ins Dorf geschickt, um eine weitere Bestellung im gleichen Umfang in Auftrag zu geben. Die Lieferung erfolgte prompt. Dem Gastwirt wurde nahegelegt, sich bereit zu halten, falls erneuter Nachschub nötig werden sollte. Thade und Donal Fizzell waren entschlossen, das Ereignis zu einer denkwürdigen Nacht werden zu lassen. Nachbarn wurden beauftragt, dafür Sorge zu tragen, dass kein Glas lange leer blieb. Ohne Unterlass wurden Tee und Häppchen gereicht. Um Mitternacht passten keine weiteren Gäste mehr ins Haus. Einziges Gesprächsthema war die Leiche. Man schwärmte von ihr in Superlativen. Hartgesottene Subjekte, die bei früheren Totenwachen mit Müh und Not ein einziges Gebet gestammelt hatten, verharrten jetzt lange auf den Knien und konnten ihren Blick nicht von der Bahre lassen, auf der das lieblichste Geschöpf lag, das ihnen je begegnet war. Viele der Gäste gingen sogar mehrere Male in den Totenraum, und das waren die, die beim ersten Mal ihren Augen nicht hatten trauen wollen.

Um ein Uhr morgens zog man sich langsam zurück. Gegen vier war das Haus leer, nur Thade and Donal Fizzell blieben zurück und mit ihnen ein paar Kumpel, die ihnen bis Tagesanbruch Gesellschaft leisten wollten. Bei der Menge Alkohol, die sie konsumiert hatten, nahm es nicht Wunder, dass die gesamte Mannschaft alsbald in einen Tiefschlaf sank. Als sie am Morgen aufwachten, war die Leiche verschwunden. Sie schauten unter dem Bett nach, entdeckten dort aber nichts weiter als einen stattlichen Nachttopf, der schon bessere Tage gesehen hatte. Sie suchten in den anderen Räumen, fanden aber nirgends eine Spur von der vermissten Toten.

Während sie geschlafen hatten, war etwas Seltsames passiert. Im Tanvally Hochland lebte auf einem kleinen, abseits gelegenen Hof ein raubeiniger Kerl, der weit und breit als Cowboy Cooney bekannt war. Niemand wusste so recht, wie alt er war. Jung war er jedenfalls nicht. Er lebte völlig allein, hatte weder Frau noch Kind, Freundin oder Eltern. Seine einzigen Besucher waren *poitcheen* Händler, die in monatlichen Abständen zu ihm kamen, um ihm seinen köstlichen Selbstgebrannten abzukaufen. Ließen sich hin und wieder andere Besucher auf dem schmalen Weg, der zu seiner Behausung führte, sehen, flüchtete er in die Berge und kehrte nicht eher zurück, als bis sie gegangen waren. Schon am frühen Nachmittag war ihm aufgefallen, dass unten im Tal etwas Besonderes vor sich ging. Als es dann dunkel wurde und auf der Hauptstraße kilometerweit die Lichter von unzähligen Fahrzeugen blinkten, kam er ins Grübeln.

»Was kann das bedeuten?«, fragte er sich. Fielen Fremde über das Dorf her? Wurde das Tal von irgendeiner Katastrophe heimgesucht? Er zerrte eine Flasche Whiskey unter dem Schilfdach hervor und bezog auf einem Torpfeiler Posten, um einen günstigeren Blick auf das Geschehen im Tal zu haben. Hunderte Lichter kamen und gingen. Nachdem er die gute Hälfte der Flasche intus hatte, gelangte der Cowboy zu dem Schluss, dass das Treiben dort unten seine persönliche Aufmerksamkeit und Anwesenheit erforderte. Zur Gesellschaft nahm er die Flasche mit. Als er das Gehöft der Fizzells erreichte, das er von oben als den Kernpunkt des regen Treibens ausgemacht hatte, fand er nur die schlafenden Gestalten am Herdfeuer vor. Bedachtsam trat er näher und sah sich um. Auf dem Tisch stand neben einer Reihe leerer Flaschen auch eine volle Flasche Whiskey. Da er den eigenen Vorrat schon längst intus hatte, griff er nach dem willkommenen Fund und gönnte sich ohne abzusetzen die Menge von mindestens zwei Gläsern. Es war durchaus schmackhaftes Zeug, wenn auch im Vergleich zu seinem Selbstgemachten, wie er fand, weniger konzentriert. Mehr intuitiv als mit wachem Verstand erfasste er, dass der Grund allen Kommen und Gehens, das er beobachtet hatte, in dem Raum nebenan zu suchen war, in dem so romantisch Kerzenlicht flimmerte. Auf das, was sich ihm offenbarte, war er nicht gefasst. Einige Augenblicke lang stand er mit offenem Mund da, überwältigt von dem strahlenden Liebreiz der lächelnden Dame, die auf dem Bett lag. Ihr Lächeln ermutigte ihn, ein oder zwei Schritte näher zu treten. Bislang war Cowboy Cooney die Schüchternheit in Person gewesen. Damit war es jetzt vorbei. Das Lächeln auf dem Gesicht dieser wunderschönen Frau, die er noch nie zuvor gesehen hatte, flößte ihm Selbstsicherheit und Vertrauen ein. Er entnahm ihrem Gesichtsausdruck die Aufforderung, sich zu ihr auf die Bettkante zu setzen. Er tat es und offenbarte ihr seine Lebensgeschichte. Von Tränen überwältigt, durchlebte er all die tragischen Momente, und ihm war, als verwandelte sich das Lächeln der Schönen in Mitgefühl. Ihre augenscheinliche Zärtlichkeit ermutigte ihn, und er nahm ihre Hand in die seine, ohne zu bemerken, wie kalt sie war.

»Willst du mich heiraten?«, fragte er.

Sie lächelte, und er deutete ihr Lächeln als Zustimmung. Was war sie doch für ein stilles, einfühlsames, bescheidenes Wesen!

»Willst du wirklich die Meinige sein?« Wieder das zustimmende Lächeln.

»Du brauchst nichts zu sagen«, erklärte er, »dein Lächeln hat schon alles gesagt.«

Sanft hob er sie in die Arme und stolperte in die Küche, wo er sich den schlafenden Männern zuwandte.

»Ich nehme diese Frau mit mir, sie wird fortan meine rechtmäßig angetraute Ehefrau sein. Wenn einer der Anwesenden hier etwas dagegen einzuwenden hat, möge er es sagen oder für immer Frieden geben.«

Er wartete auf eine Antwort, bekam aber nur einen Chor von Schnarchtönen zu hören, und auch den interpretierte er als Zustimmung. Triumphierend tappte er hinaus in die Nacht. Am nächsten Morgen wurden die beiden von Schulkindern entdeckt. Fest umschlungen von Cowboy Cooney lag Jule Fizzell in seinen Armen. Das selige Lächeln auf seinem Gesicht war genauso schön wie das der Toten. Er schnarchte friedlich vor sich hin. Sie hingegen blieb stumm.

Als später am Tage Dousie O'Dea von dem Vorfall erfuhr, schmunzelte sie beglückt. Sie hatte den Gipfel ihres Schaffens erreicht. Ihr Lebenswerk hatte sich vollendet. Es war ihr gelungen, für einen Lebenden eine Tote auferstehen zu lassen. Allein das würde ihren Ruhm auf ewig besiegeln.

Bittere Erinnerungen

Weniger nette Nachbarn wollten andere glauben machen, Polly Baun würde Weihnachten nicht ausstehen können. Dabei mochte sie es einfach nur nicht. Ein Betrunkener aus dem Ort hatte sie einmal beschimpft, sie wolle das Weihnachtsfest abschaffen. Sie war gerade aus der Kirche gekommen, und der Betrunkene, der auf seine ganz besondere Weise die Messe feierte, indem er draußen an der Kirchenmauer Halt suchte und über die Predigt meckerte, stieß sie derb in den Rücken, als sie an ihm vorbeikam. Andere hatten es gesehen. Polly Baun stürzte und konnte sich eine Woche lang kaum rühren. Ihrem Mann, der immer leicht aufbrauste, erzählte sie, sie wäre auf einer Bananenschale ausgerutscht. Von einem Saufkumpanen, der häufig in der gleichen Wirtschaft anzutreffen war wie er, erfuhr er jedoch den wahren Sachverhalt. Er stellte seine Frau zur Rede, und auf sein Drängen hin gab sie zu, dass das, was der Kerl gesagt hatte, stimmte.

»Aber halte dich bitte zurück«, beschwor sie ihn.

»Das werde ich«, versprach er ihr, »doch du wirst gewiss einsehen, dass die Energien dieses Mannes in eine andere Richtung gelenkt werden müssen. Unsereins kann nicht einfach tatenlos zusehen, wie er Frauen in den Rücken knufft, dass sie lang hinstürzen, bloß, weil sie andere Ansichten haben als er. Ich will damit sagen«, und jetzt glaubte er einen versöhnlicheren Ton anzuschlagen, »wenn solche Dinge ungestraft durchgehen, ist hier keine Frau mehr sicher.«

»Die Sorge teile ich nicht«, behauptete Polly Baun kühn.

»Das mag ja sein«, erwiderte er, »aber Fakt bleibt, niemand darf eine Frau zu Boden stoßen.«

Polly Baun beschloss, die Sache auf sich beruhen zu lassen. Erstens brachte es nichts und zweitens befürchtete sie, etwas zu sagen, das ihren Mann erzürnen würde. Er geriet schnell außer sich, auch wenn er gleich danach wieder völlig normal und verträglich war.

Weihnachten kam, und die Straße erglänzte im traditionellen Schmuck. Polly Baun kaufte eine Gans und machte damit eins ihrer wenigen Zugeständnisse an das Fest. Es war ein junges Tier, klein aber fleischig, und, was das Allerwichtigste war, sie erstand es von einem anerkannten Geflügelzüchter. Der richtige Festtagsbraten für die zwei. Sie hatten keine Kinder und erwarteten auch keine Gäste, und Polly, eine äußerst sparsame Hausfrau, vertraute darauf, dass noch etwas zum Stephanstag übrigbleiben würde. Dabei hatte sie es gar nicht nötig, sparsam zu sein. Das Hutgeschäft, von dem sie lebten, warf durchaus einiges ab. Die winzige Küche hinter dem Laden diente einem dreifachen Zweck, wie es allgemein hieß. Sie war nicht nur Küche, sondern auch Speiseraum und Wohnzimmer. Sie hätten leicht anbauen können, doch Polly fand, das sei nicht nötig. Sie war mit dem, was sie hatte, zufrieden und vertrat die Ansicht, das größte Problem auf der

Welt sei, dass die Menschen nicht wüssten, wann sie genug hätten.

»Sie sollten den ganzen Tag auf Knien liegen und Gott danken«, war ihr Spruch, wenn ihr Mann wieder von Unzufriedenen zu berichten wusste, die ständig herumjammerten.

Shaun Baun legte sich auf die Lauer und nahm sich eines regnerischen Abends eine Woche vor Weihnachten den Menschen vor, der seine Frau angegriffen hatte. Ehe der sich abends in den Pub verfügte, drehte er immer eine Runde um das Städtchen. Shaun Baun wollte sich keinen Vorteil verschaffen und nicht mit ihm abrechnen, wenn er bezecht war, zudem sollte er nüchtern genug sein, um mit vollem Bewusstsein nachvollziehen zu können, wie schwer er sich vergangen hatte.

»Sir«, sprach er also sein Opfer in einer abgelegenen Seitenstraße an, »du bist weder ein Ehrenmann noch sonst ein rechtschaffener Mensch. Du hast meine Frau hinterrücks gestoßen, sodass sie zu Boden stürzte, und hast ihr dann nicht einmal aufgeholfen.«

»Ich war betrunken.«

»Betrunkensein rechtfertigt nicht tätliches Vorgehen gegen eine Frau.«

»Ich hatte gehört, dass sie Weihnachten nicht ausstehen kann.« Der Beschuldigte war merklich eingeschüchtert.

»Auch das rechtfertigt eine solche Handlungsweise nicht.« Shaun blieb unerbittlich und nahm eine kämpferische Pose ein. Der Trinker wich ängstlich zurück.

»Bevor ich dir eine vor den Latz knalle, möchte ich

noch eine Sache richtigstellen«, verkündete Shaun Baun drohend. »Es ist nicht, wie du annimmst, dass meine Frau Weihnachten nicht ausstehen kann. Meine Frau gibt einfach nicht so viel auf das Fest, und das ist etwas völlig anderes.« Shaun fuchtelte wild herum, täuschte an, schnaubte, trippelte und holte schließlich zu einem kräftigen Hieb ins Gesicht seines Widersachers aus, dass der mit einem Schmerzensschrei zu Boden sank. Shaun half ihm sogleich wieder auf die Beine, versicherte ihm, damit sei Vergeltung geschehen und die Sache wäre für ihn erledigt. Dann reckte er sich zu seiner vollen Größe auf, und das waren ganze ein Meter sechzig, und warnte abschließend: »Und merk dir eins: Wage nicht, auf meine Frau auch nur einen Blick zu werfen; falls du es dennoch tust, brech ich dir beide Beine!«

Zum Beweis, dass er den Hinweis beherzigen würde, nickte der Saufbold eifrig. Möglicherweise würde er späterhin andere Frauen erschrecken, doch von Polly würde er in Zukunft ablassen. Polly selbst erfuhr nie etwas von der tätlichen Auseinandersetzung. Shaun hütete sich, ihr etwas davon zu sagen. Sie hätte ihn nur beschimpft. So aber blieb sie ihrer Haltung zum Weihnachtsfest treu, entfernte alle Stühle aus der Küche und schaffte sie in den Hinterhof, wo sie bleiben würden, bis die Festtage vorbei waren. Wenn es keine Stühle zum Sitzen gab, würden etwaige Besucher auch nicht lange bleiben, und mit dieser Schlussfolgerung hatte sie nicht unrecht.

Am Tag vor Heiligabend herrschte im Hutgeschäft reger Betrieb. Bevor ein Kunde sich zum Kauf entschloss, suchte er oft erst Pollys Rat. Das machte einen Gang in die Küche nötig. Seit Jahren lief das schon so. Besonders Leute aus der weiteren Umgebung und eingefleischte Junggesellen gingen in die Küche, um begutachten zu lassen, wie ihnen der Hut oder die Mütze stand. Nickte Polly die getroffene Wahl ab, kehrten sie in den Laden zurück und bezahlten bei Shaun. Es kam durchaus vor, dass Polly die Farbe oder auch die Form missfielen. Oder sie schüttelte den Kopf wegen der Hutgröße oder der Hutkrempe oder auch wegen der Machart. Das Geschäft florierte, weil die Kunden zufrieden waren, ganz gleich, ob sie zu den Zaghaften, den Unentschlossenen oder Wankelmütigen gehörten, alle schlossen die Ladentür hinter sich in der Gewissheit, dass sich niemand über sie wegen ihrer Kopfbedeckung lustig machen würde.

Die Zeit verging, und als auch nach außen hin klar war, dass den beiden kein Kindersegen beschieden war, geriet Polly Baun in den Ruf, etwas Grundsätzliches gegen Weihnachten zu haben. Niemand sagte ihr das ins Gesicht, und ihrem Mann schon gar nicht. Wiederum musste man der Gemeinde zugutehalten, dass niemand wirklich Anstoß an ihrer Haltung nahm. Man war an alles Mögliche gewöhnt. Da gab es zum Beispiel einen Handelsmann, der etwas außerhalb wohnte und der sich jedes Jahr etwa eine Woche vor Weihnachten aufs Land verflüchtigte, wo er eine kleine Hütte mietete, in der er blieb, bis Weihnachten vorüber war. Nicht, dass er etwas gegen Weihnachten hatte, oft genug hatte er das vor anderen bekundet. Er konnte einfach nicht den ganzen Rummel drum herum ertragen, all die Dekorationen, die Beleuchtung, die Weihnachtskarten, das Einkaufen von Geschenken, ganz zu schweigen von der Völlerei.

Es gab noch einen anderen Einwohner des Ortes, der Heiligabend die Tür von innen verschloss und sie einen Monat lang nicht aufmachte. Manche glaubten, er hielt so etwas wie Winterschlaf, und wenn er sich nach den vier Wochen wieder auf der Straße blicken ließ, sah er auch ganz so aus. Er war unrasiert, hatte total verfitztes Haar und ein leichenblasses Gesicht mit schwarzen Ringen unter den Augen.

Dann gab es welche, die zu Weihnachten dem Trinken entsagten, aus dem einfachen Grund, weil alle anderen dem Alkohol in diesen Tagen mehr zusprachen als sonst. Und dann gab es die, die nichts von dem traditionellen Festtagsessen hielten mit Pute oder Gans, Plumpudding oder Braten. Einer behauptete, ein Ei täte es auch, und ein anderer erklärte, dass die, die Geflügel äßen, sich für den Rest des Lebens die inneren Organe versauen würden.

Polly Baun war also nicht die Einzige mit ihrer Haltung, andere Beispiele ließen sich genügend finden. Einige Leute entschuldigten ihr Verhalten damit, dass sie einen guten Grund haben mochte, über den sie nicht sprach, die meisten aber nahmen hin, was Shaun sagte, dass sie einfach nicht so viel auf das Weihnachtsfest gab.

Manchmal drangen kleine Kinder bis an die Küchentür vor, wenn sich ihre Eltern im Laden nach passenden Hüten umschauten. Sie guckten dann durch die getönten Glasscheiben und machten sich gegenseitig auf den Schatten der Frau aufmerksam, von der sie gehört hatten, sie schere sich nicht um Weihnachten. Oft tuschelten sie miteinander, und ein wissender Gernegroß verkündete: »Das ist die Frau, die Weihnachten nicht ausstehen kann.« Polly reagierte nie darauf. Manchmal wurde sie auf der Straße – besonders in den Tagen vor Weihnachten – von Einkaufslustigen neugierig angestarrt, weil deren Freunde oder Bekannte ihnen von ihrer merkwürdigen Abneigung erzählt hatten. Sie ließ sich nie etwas anmerken.

Zur Weihnachtszeit spürte selbst Shaun bei seinen Wirtshausbesuchen, dass ihn manche Gäste scheel ansahen. Er trank nur wenig, nicht mehr als ein paar Gläser Stout mit einem Freund, aber nie Whiskey. Dabei war er früher ein starker Whiskey-Trinker gewesen, hatte damit dann ganz plötzlich aufgehört und seitdem nie wieder einen Whiskey angerührt. Niemand wusste warum, auch nicht seine engsten Freunde. Es blieb allen ein Rätsel. Er war eines Nachts ziemlich volltrunken nach Hause gegangen, und am darauf folgenden Abend hielt er sich völlig zurück. Natürlich gab es unendliche Spekulationen, aber niemand kam hinter den wahren Grund, und da seine Freunde wussten, wie leicht er aufbrausen konnte, hakten sie nicht weiter nach. Auch brachten sie ihm gegenüber nie die Haltung seiner Frau zu Weihnachten zur Sprache, nur hinter seinem Rücken fiel das eine oder andere Wort, doch wie die meisten in der Gemeinde maßen sie dem keine große Bedeutung zu. Aber natürlich gab es einen Grund dafür.

Es musste einen geben, wenn man davon ausgeht, dass nichts grundlos geschieht.

Am Heiligabend herrschte in der Gastwirtschaft fröhliche Stimmung und Ausgelassenheit. Einer von Shaun Bauns Saufbrüdern hatte auf Anraten seines Arztes das Whiskey-Trinken aufgegeben und mutmaßte, dass aus eben dem Grund auch Shaun die Finger vom Whiskey ließ. Höflich, aber entschieden hatte Shaun ihm verklickert, dass seine Enthaltsamkeit nichts mit Ärzten zu tun hatte, sondern eine rein persönliche Entscheidung war. Der Abend war für ihn verdorben. Er war nicht gewillt, im Wirtshaus seine wahren Beweggründe offenzulegen, schlich sich zeitig davon, schlenderte bis zum Rand der Stadt, machte dann kehrt und ging schnellen Schrittes heimwärts. Für einen Außenstehenden schnappte ein ermüdeter Ladenbesitzer nur ein wenig frische Abendluft, dabei war er in innerer Aufruhr, und das nur wegen des Gesprächs über Whiskey im Pub. Niemand wusste besser als Shaun, weshalb er vom Whiskey gelassen hatte, seine Frau ausgenommen.

Beim Laufen ballte und öffnete er die Fäuste und verfluchte den Tag, da er zum ersten Mal zum Whiskeyglas gegriffen hatte. Er musste daran denken, wie er sie geschlagen hatte und warum, und als das Bild wieder vor ihm auftauchte, warf er die Arme in die Höhe und schluchzte, schluchzte bitterlich wie immer, wenn die grässliche Erinnerung in ihm hochstieg. Damals, als das alles geschah, hatte er seit dem frühen Nachmittag getrunken. Jedes Mal, wenn er einen Hut verkauft hatte, war er zusammen mit dem Käufer über die Straße in den Pub gerannt. Erst hinterher war ihm aufgegangen, dass er noch nie so viel Whiskey in so kurzer Zeit in sich hineingeschüttet hatte. Er hatte das Geschäft geschlossen und seiner Frau erklärt, er würde wieder rüber in die Wirtschaft gehen. Es nützte nichts, dass sie protestierte. Sie bat ihn, etwas zu essen. Sie beschwor ihn, nicht noch mehr Whiskey zu trinken, es bei Bier zu belassen. Er versprach es und küsste sie und schoss los, um sich mit Whiskey volllaufen zu lassen. Später entschuldigte er sich damit, dass er jung und ungestüm gewesen sei, aber dass er damals die Faust gebraucht hatte, konnte er sich nie verzeihen; es lastete ihm für den Rest seines Lebens auf der Seele. Ein Fußgänger ging ihm schleunigst aus dem Wege, als er beim Näherkommen den wild gestikulierenden und laut schimpfenden Mann sah. Shaun Baun aber stolperte unaufhaltsam vorwärts. Er versuchte krampfhaft, das unerträgliche Bild vor seinen Augen loszuwerden, vergebens, er sah es, als wäre es gestern geschehen.

In einem ganzen Trupp hatten sie damals den Pub verlassen und sich ein einschlägiges Etablissement gesucht, wo sie sich auch nach der Polizeistunde noch vergnügen konnten. Erst um sieben Uhr morgens war Shaun nach Hause gekommen, hatte nach dem Schlüssel gesucht und ihn nicht gefunden. Um und um hatte er die Taschen gekrempelt, doch sie brachten nichts zum Vorschein. Wie hundert Leidensgenossen in seiner Situation griff er zu anderen Mitteln. Zunächst klopfte er noch zaghaft ans Fenster, doch als sich nichts tat, nahm er eine Münze und pochte damit vorsichtig ans Oberlicht, und als auch das nichts brachte, drosch er auf die Tür ein.

Schließlich öffnete seine Frau und ließ ihn ein. Sie war im Morgenmantel und in Hauspantoffeln und hatte keine Mühe, sich seiner trunkenen Umarmung zu entziehen. Rasch durchquerte sie den Laden und erwartete ihn mit untergeschlagenen Armen in der Küche.

Es wäre klüger gewesen, sie hätte ihn nach oben und ins Bett befördert und sich jeglichen Streit für einen günstigeren Zeitpunkt aufgehoben. Aber in so jungen Ehejahren wusste sie noch nicht, dass es absolut nichts bringt, mit einem betrunkenen Ehemann zu diskutieren.

Sie begann mit der Frage, ob er wüsste, in was für einem Zustand er sei, was natürlich völlig absurd war. Und dann hagelte es die Fragen nur so: ob ihm klar wäre, wie früh am Morgen es wäre und dass er sie in wenigen Stunden zur Messe begleiten müsste. Er stand stumm da mit hängendem Kopf und hängenden Armen, unfähig, auch nur eine Antwort über die Lippen zu bringen. Er sehnte sich nach seinem Bett, selbst der blanke Fußboden hätte ihm genügt, doch sie hatte gerade erst angefangen. Sie hielt ihm all den Ärger vor, den er ihr in den drei Jahren ihrer Ehe gemacht hatte, seine Trinkgewohnheiten, sein Kotzen nach den Alkoholexzessen im Pub, seine unflätige Ausdrucksweise und das für sie Allerschlimmste, das peinliche Bild, das er für die Nachbarn abgab. Die Litanei kennen wir, wird der geneigte Leser jetzt sagen, an der ist uns nichts neu, die kriegen die armen Teufel bei solchen Gelegenheiten in den so genannten zivilisierten Ländern überall in der Welt zu hören. Doch ich muss darauf hinweisen, dass es in dem geschilderten Fall weniger um die Qualität als um die Quantität ging. Die Frau wurde des Zeterns nicht müde und hätte gut daran getan, in den vergangenen drei Jahren bei entsprechendem Anlass ihren Zorn abzulassen, anstatt ihn für einen nicht enden wollenden Wutausbruch aufzustauen.

Im Nachhinein sagte Shaun Baun, er konnte nicht anders, es war die einzige Möglichkeit, sie zur Ruhe zu bringen. Wenn es nur ab und an leise Vorwürfe gewesen wären, hätte er sie geduldig über sich ergehen lassen, aber sie fand ja kein Ende. Wenn er zwischendurch mal wegnickte, schrie sie ihm ins Ohr, sodass er gleich wieder, wenn auch trunken, hochschreckte. Schließlich vermochte er es nicht länger zu ertragen. Ihre Stimme überschlug sich förmlich, sie schien selbst erstaunt über das, was ihre Stimmbänder hergaben.

Leider hatte sie nichts von den vielen Frauen aus der Nachbarschaft gelernt, die genügend Erfahrung mit ähnlich zügellosen Männern hatten. Gewiss hätte sie sich dann anders verhalten und sich die Beschimpfungen am Weihnachtsmorgen erspart. Aber so war sie fest überzeugt, nur sie wäre mit dem erbärmlichen Zustand der schwankenden Gestalt vor ihr gestraft und allein ein drastisches Herunterputzen würde den Trunkenbold ein für alle mal heilen.

Immer wenn er versuchte, ein bisschen außer Hörweite zu gelangen, packte sie ihn bei den Schultern und zwang ihn, stehen zu bleiben. Trotz aller Trunkenheit gelang es ihm, den Tisch zwischen seine Frau und sich zu zerren. Eine Weile spielten sie Katz und Maus, aber das trieb ihn an den Rand der Erschöpfung, während sie sich in ihrem Wortschwall nur noch steigerte. Er war wie benebelt und wusste nicht mehr, was er tat. Erst als sie zu Boden gestürzt war, ging ihm auf, dass er zugeschlagen hatte.

Später suchte er sich damit zu entschuldigen, dass er sie nur beiseiteschieben wollte, um auf der Treppe nach oben entweichen und Zuflucht in der Gästestube suchen zu können. Sie war lang hingeschlagen und hatte eine Platzwunde am Jochbein, die heftig blutete. Er wollte ihr aufhelfen, stürzte unglücklich über sie, schlug mit der Stirn auf den Fußboden und verlor das Bewusstsein. Als er zu sich kam, strömte das helle Morgenlicht durch das Fenster. Die Uhr auf dem Kaminsims bestätigte seine Befürchtungen. Das erste Mal in seinem Leben hatte er die Messe verpasst. Langsam kam die Erinnerung an die Geschehnisse der vergangenen Nacht zurück. Vergeblich betete er darum, dass es nur ein Alptraum gewesen sein möge, dass jeden Augenblick seine Frau putzmunter vom Kirchgang heimkehren würde. Er rappelte sich hoch und ging in den Laden.

Die Straße war menschenleer, der letzte Kirchgänger war gerade um die Ecke gebogen. Er befürchtete das Schlimmste und hangelte sich die Treppe zum Schlafzimmer hoch, das sie seit der Hochzeitsnacht in Eintracht geteilt hatten. Sie lag auf dem Bett, den Kopf von blutbefleckten Kissen gestützt, über der Platzwunde ein Pflaster, das Gesicht bis zur Unkenntlichkeit geschwollen. Shaun fiel neben dem Bett auf die Knie und schluchzte bitterlich, doch seine Frau regte sich nicht und blickte nur starr zur Decke. Ein festliches Dinner zum Weihnachtstag gab es nicht. Den ganzen Tag und die ganze Nacht schaute er immer wieder unter Tränen nach ihr, brachte Kaffee und Tee und andere Getränke, aber sie lenkte nicht ein.

Erst nach drei Monaten war sie bereit, ihn als existent wahrzunehmen, und es sollten drei weitere Monate vergehen, ehe überhaupt wieder ein Wort zwischen ihnen fiel. Es dauerte zwei Jahre, bevor man sagen konnte, dass sie nicht mehr nur nebeneinanderher lebten. Das war nun schon fünfundzwanzig Jahre her. Er mied auf dem Nachhauseweg die Hauptstraßen, war nur beseelt von dem Gedanken, vor ihr niederzuknien und erneut um Vergebung zu bitten. All die Jahre hindurch hatte er es immer wieder getan, sie gebeten, sie möge ihm das Unverzeihliche, wie er es nannte, verzeihen. Niemals seit jener Nacht hatte er die Hand gegen sie erhoben, war nie gegen sie laut geworden, hatte nicht einmal ärgerlich die Stirn gerunzelt.

Als er heimkam, saß sie schweigend am Kamin. Die Gans, gerupft und gestopft, lag in einer großen Schüssel auf dem Tisch. Traditionsgemäß würde sie am nächsten Morgen in den Ofen geschoben werden. Er betrat die Küche, setzte sich sogleich zu ihr und nahm ihre Hand in die seine. Wie stets vergewisserte er sie seiner Liebe, woraufhin sie wie stets seine Hand drückte. In dieser

117

Haltung hockten sie beieinander, wie sie es seit jener unglückseligen Nacht immer zu Heiligabend taten. Es gab kein Abweichen von dieser Gepflogenheit. Sie plauderten über das, was der Tag gebracht hatte, und überlegten, welche Messe sie am großen Festtag besuchen würden. Sie nahm das Glas Sherry, das er ihr einschenkte, und er genehmigte sich eine Flasche Stout, und beide tranken fröhlich und in Eintracht. Sie gönnten sich auch einen weiteren Schluck und noch einen und saßen eine Weile schweigend beieinander. Dann begann das große Schluchzen und Jammern. Es kam von ihm und aus tiefstem Herzen. Er kniete vor ihr nieder, vergrub den Kopf in ihrem Schoß und beteuerte in endlosen Wiederholungen, von Tränen überwältigt, wie leid ihm das alles täte. Sie nickte und lächelte dann, nahm seinen Kopf in die Hände und richtete ihn auf, und er schaute ihr in die Augen und bat sie wie in all den vielen Jahren um Vergebung.

»Ich vergebe dir, Liebster«, versicherte sie ihm und erntete erneutes Schluchzen. Nie tat sie ihm in irgendeiner Weise weh, sie hätte es einfach nicht fertig gebracht. Er war ein herzensguter Mann, wenn auch leicht reizbar, und das eine Mal, da er sich vergessen hatte, hatte er längst wiedergutgemacht. Bis in die späte Nacht hinein tröstete sie ihn liebevoll und hörte sich all seine reuevollen Beteuerungen an. Oft musste sie dabei an ihren Vater denken. Nie war er ihr oder ihrer Mutter gegenüber laut geworden. Betrunken war er oft genug gewesen, meistens bei Hochzeiten und Taufen, aber immer hatte er ihre Mutter oder sie geherzt und in den

Armen geschwenkt. Sie war froh, dass sie ihrem Mann vergeben konnte, doch Vergeben war das eine, Vergessen das andere. Und vergessen konnte sie nie. Diesen Unterschied würde ihr Mann nie erfahren. Immer würde sie für ihn da sein, wenn er sie brauchte, besonders zu Weihnachten.

So will es der Brauch

Timmy Binns Gesicht war abzulesen, dass es für den Weg oben vom Berg hinunter zu uns einen besonderen Anlass gab. Meist schaute er an Winterabenden nur bei uns herein, weil er nichts anderes zu tun hatte. Die kleine Runde saß dann am Herd – Timmy, mein Onkel und seine Frau und manchmal auch ihr Vater, wenn dem alten Mann danach war. Bis Mitternacht unterhielt man sich über dies und das, trank ein, zwei Tassen Tee und trennte sich wieder.

Mein Onkel hatte sein Haus am Fuß des Hügels im Schutz eines kleinen Sitka-Fichtenwäldchens, während die Behausung der Binns ziemlich oben auf der Anhöhe lag, etwa eine Meile entfernt. Timmy Binn ging damals auf die siebzig zu und war damit der jüngste der drei Brüder, allesamt Junggesellen, und seiner drei Schwestern, allesamt alte Jungfern. Gemeinsam bewohnten sie das alte Bauernhaus, von dem aus sie die gesamte Ansiedlung unten übersehen konnten.

Die abgeschiedene Lage war für die Binns genau das Richtige. Zu Gesicht bekamen sie nur die Kirchgänger, die schon zur Frühmesse unterwegs waren. Und das waren genau wie sie selbst meist die Alten und Rentner, die sich nur für den Gang zur Dorfkirche rauswagten, um den Sonntag zu heiligen.

Timmy erledigte den Einkauf. Jeden Morgen, einschließlich Sonntag, spannte er die alte schwarze Mähre ein und schaffte auf dem Gefährt den täglichen Ertrag der zwölf Milchkühe zur Molkerei. Wenn er die Milch abgeliefert hatte, kaufte er die nötigen Lebensmittel und fuhr schnurstracks wieder heim.

Freitags kassierte er beim Dorfpostamt die Rentenzahlung für die sechs Geschwister ein. Für die Hälfte des Geldes leisteten sie sich den einen oder anderen kleinen Luxus, wie zum Beispiel Kautabak, Schnupftabak oder auch Mehrfruchtmarmelade. Die andere Hälfte ging auf ein gemeinsames Konto, säuberlich eingetragen in ein abgegriffenes Postsparbuch. Das Geld wurde nie angerührt, war es doch für die Totenwache und die Beerdigungskosten gedacht, wenn es dann so weit war.

»Komm, setz dich ans Feuer«, lud ihn mein Onkel ein, sowie die Tür wieder geschlossen war.

Timmy öffnete den Mund, als wollte er etwas sagen, ließ es dann aber und setzte sich erst mal.

»Du nimmst doch bestimmt eine Flasche Porter«, meinte mein Onkel. »Du bleibst nicht allein, wir genehmigen uns alle eine«, fügte er hinzu, ehe Timmy hätte ablehnen können.

Normalerweise hätte man dem Gast Tee angeboten, doch Weihnachten lag noch nicht lange zurück, und es war noch einiges von dem Festgelage übrig. Der Onkel machte drei Flaschen auf, reichte eine Timmy, eine seinem Schwiegervater und behielt eine für sich. Gläser waren nicht nötig.

»*Sláinte*«, sagte der Onkel und führte die Flasche zum Mund.

»Sláinte«, sagten auch die anderen und taten es ihm gleich.

Man leerte auf einen Zug die halbe Flasche. Timmy Binn stellte seine auf dem Fußboden ab und sammelte sich, um etwas zu sagen. Doch es kam nichts. Ich saß am Küchentisch und war eigentlich am Lesen, merkte aber, dass ihn etwas zu bedrücken schien. Er wollte etwas zur Sprache bringen, bekam aber kein Wort heraus. Ich war drauf und dran, mich einzumischen und ihn zu fragen, was er auf dem Herzen hätte, aber dann fiel mir noch rechtzeitig genug ein, dass es üblich war, erst mal jedes andere Thema erschöpfend zu behandeln, ehe man den Besucher nach seinem Anliegen fragte. Schon ein paar Wochen zuvor war Timmy dagewesen. Seine Schwestern hatten ihn geschickt. Fast zwei Stunden lang hatte er sich mit meinem Onkel und dem Alten unterhalten. Als ihm schließlich die Frau des Hauses eine Tasse Tee anbot, erklärte er, er hätte keine Zeit, sie zu trinken. Er hatte bei sich zu Hause in der Küche gesessen, erzählte er, und die Schwestern waren beim Abendbrot machen, als sie plötzlich feststellten, nicht einen Krümel Zucker im Hause zu haben. Man hätte ihn sofort losgeschickt, eine Tasse voll bis zum nächsten Morgen zu borgen. Dann ließ er sich aber doch noch nötigen und trank den Tee mit der Begründung, seine Schwestern hätten, da er so lange fort war, bestimmt nicht mehr mit dem Abendbrot gewartet.

Diesmal jedoch zeugte sein Verhalten von ungewohnter Nervosität. Er fuhrwerkte mit Armen und Beinen umher, hatte sich kurz wieder im Griff, wenn er sich darauf besann, dass ein Ritual einzuhalten war. In dem Glauben, er wolle nicht mit der Tür ins Haus fallen, wie es der Brauch verlangte, gingen weder mein Onkel noch der Alte auf seine Unruhe ein. Sie würden ihn schon zum rechten Zeitpunkt nach seinem Begehr fragen. Dass er mehr auf dem Herzen hatte, als nur herumzusitzen und zu schwatzen, war klar. Doch zu so einem Besuch gehörte auch, Geduld zu haben und selbst Rückschlüsse zu ziehen, was den Gast zu einem getrieben hatte. Das Zusammensein wäre von vornherein verdorben gewesen, wäre Timmy gleich mit der Sprache herausgerückt. Egal, wie dringend die Angelegenheit war, egal, wie eilig er es hatte, wieder nach Hause zu kommen. Der gute Brauch verlangte, die Sache auszusitzen und erst nach geraumer Zeit zum eigentlichen Punkt zu kommen.

»In der Kälte heute sitzen Arme ohne ein wärmendes Feuer.«

Der alte Vater meiner Tante kippte den Rest seines Starkbiers hinter, nachdem er den Ausspruch getan hatte. Er reichte die leere Flasche meinem Onkel, und es brauchte nicht viel, um zu erraten, dass er nichts gegen das Öffnen von drei weiteren Flaschen hatte.

»Nichts geht« über eine Wärme spendende Glut«, meinte seine Tochter und legte drei große schwarze Torfsoden nach. »Und das Allerwichtigste dabei – Wärme zieht dir den Schmerz aus dem Körper.«

»Das stimmt«, pflichtete ihr der Vater bei.

Die geöffneten Flaschen wurden verteilt, und es wurde weiter gesüffelt. Es kam zu einem längeren Schweigen.

Timmy Binn rutschte unruhig auf seinem Stuhl hin und her. Mein Onkel und sein Schwiegervater warfen sich vielsagende Blicke zu.

»Diesmal steht uns noch einiges bevor«, meinte der alte Mann tiefsinnig.

»Das ist zu befürchten«, bestätigte Timmy.

Erneutes Schweigen. Sie suchten nach gesprächsergiebigen Stichwörtern, griffen hingeworfene Bemerkungen auf, ergänzten sich im Austausch von Neuigkeiten. Bei den Binns musste etwas Ungewöhnliches passiert sein, nicht unbedingt etwas Fürchterliches, aber doch Wichtiges, dass es einen gelassenen Menschen aus den Bergen wie Timmy Binn dermaßen nervös und zapplig machte.

»Ich kenne schlimmere Winter als diesen«, sagte der Alte, um die Situation etwas zu entspannen.

»Erzähl uns von dem Winter damals mit dem wahnsinnig vielen Schnee«, drängte ihn seine Tochter.

»Ich war da erst zehn«, begann der Alte.

Wir hatten die Geschichte schon zigmal gehört, aber sie passte zu so einem Winterabend wie diesem, und bei jedem Vortrag erfuhr sie weitere Ausschmückungen. Selbst Timmy Binn geriet beim Zuhören ganz in ihren Bann und schien sein eigentliches Anliegen zu vergessen. Die ganze Zeit heulte der Wind im Schornstein, und ab und an peitschte der Sturm auch Hagelkörner ans Fenster. Nach einer halben Stunde kam der alte Mann mit seiner Erzählung zum Ende und erklärte, er könne jetzt einen kräftigeren Tropfen als nur Porter vertragen, um die schwindenden Kräfte wieder auf Vordermann zu bringen.

»Geschichtenerzählen dörrt die Kehle aus«, war einer seiner Lieblingssprüche. Ohne ein Wort zu sagen, verschwand seine Tochter und kam gleich darauf mit einer Flasche Whiskey wieder.

»Die hatte ich noch für eine passende Gelegenheit aufgehoben«, verkündete sie. »Mir scheint, das ist der geeignete Moment.«

Auch sie spürte, dass Timmy Außergewöhnliches auf dem Herzen hatte. Der Whiskey war ihr Beitrag zur Wartezeit, bis er zur großen Enthüllung bereit war. Eine Frau mit weniger Gespür für die Lebensart auf dem Lande hätte das Beisammensein gewiss durch einfaches Nichtstun verkürzt.

»Gab es Schnee bei euch dort oben, Timmy?«, versuchte der Onkel das Gespräch zu beleben und reichte den Drink herum.

»Hin und wieder ein paar Flocken«, erwiderte Timmy.

»Mehr nicht?« Sinnend schaute der alte Vater in seinen Whiskey, als ließen sich dort weiterführende Fragen finden. Da das nichts brachte, setzte er das Glas an die Lippen, nahm einen kräftigen Schluck, behielt ihn eine Weile genüsslich im Mund und ließ ihn dann hinabgleiten. Der Whiskey belebte ihn sichtlich. Man konnte förmlich verfolgen, wie er die Kehle hinunterrann. Er nickte zufrieden.

»Perfekt gelandet«, verkündete er. »Wenn der erste Schuss sitzt, gelingen alle nachfolgenden auch. Worauf es ankommt, ist, den Whiskey unter der Zunge zu halten, bis der Magen bereit ist, ihn aufzunehmen. Die

Menschen wissen gar nicht mehr, wie man richtig Whiskey trinkt. Heutzutage kippen die den einfach hinter, als wär's Wasser, und sind im Handumdrehen besoffen.«

Noch eine Viertelstunde lang ließ er sich über das Whiskeytrinken aus. Ob es am Porter lag oder am Whiskey oder an beidem, Timmy Binn war der Stimmung erlegen. Ausdruckslos starrte er ins Feuer, während der Alte von einem Thema zum anderen schweifte. Vom vielen Sprechen ermüdet, drohte er einzunicken, doch schon war mein Onkel zur Stelle und löste ihn ab. Zwar konnte er nicht so gut erzählen wie sein Schwiegervater, doch wusste er das Interesse des Besuchers mit Rede und Gegenrede wachzuhalten. Dem Alten sackte immer wieder der Kopf ab, er blieb aber im Wesentlichen wach. Seine Tochter hatte sich dichter an ihn herangesetzt, um ihm notfalls als Stütze zu dienen, und auf der anderen Seite gab ihm der Onkel Halt.

Leise schlich ich mich hinaus. Der Schneesturm hatte aufgehört. Die Straße lag in einem fahlen Weiß. Das Haus der Binns auf dem Berg oben war hell erleuchtet. Fast war mir, einer der Brüder käme den schmalen Weg hinunter, um nachzuschauen, wo Timmy blieb, aber das war nur eine Täuschung. Trotzdem war da oben irgendetwas im Gange. Sonst hatte immer nur ein schwacher Lichtschein angedeutet, dass die Binns dort wohnten. Jetzt aber strahlte es hell, leuchtete wie ein Stern am Firmament, ließ alle anderen Lichter in der Landschaft verblassen. Dann schob sich eine Wolke vor den Mond, und unversehens lag die Straße im Dunkel. Ich lief zum Haus zurück. Ehe ich hineinging, warf ich noch einen Blick durchs Küchenfenster. Der alte Mann saß immer noch gestützt zwischen seiner Tochter und dem Onkel, aber mit völlig abgesacktem Kopf. Sie saß und stopfte eine Socke und begleitete die Ausführungen ihres Mannes mit beifälligem Kopfnicken. Der hockte mit errötetem Gesicht da und gestikulierte wild mit den Armen, um seinen Worten Nachdruck zu verleihen. Der Mund ging mit großer Geschwindigkeit auf und zu. Es musste eine grauenvolle Geschichte sein, die er darbot, sie schien aber den Besucher wenig zu beeindrucken.

Timmy Binn saß mit ausgestreckten Beinen, der Kopf war ihm auf die Brust gesunken, als wäre er hypnotisiert, das leere Glas hielt er locker in der schmutzigen Hand, und es drohte jeden Moment hinunterzufallen. Der Onkel brachte seine Erzählung zu einem abrupten Ende, hielt Arme und Hände unversehens still und begnügte sich mit Daumendrehen.

»Wie sieht's draußen aus?«, fragte er, als ich mich wieder niedergelassen hatte.

»Pechschwarze Nacht«, erwiderte ich.

»Schwärzer kann's nicht werden.« Die Bemerkung war an Timmy Binn gerichtet, der jetzt langsam zu sich kam.

»Was sagtest du?«, fragte er entschuldigend.

»War nicht so wichtig«, meinte der Onkel.

»Ist jemand auf der Straße?«, wollte die Frau des Hauses wissen.

»Nicht ein Christenmensch«, lautete meine Auskunft, »nur oben auf dem Berg leuchtet es ungewohnt hell.«

Die Lethargie, die sich breitgemacht hatte, war wie verschwunden. Alle horchten auf.

»Wo auf dem Berg?«, fragte der Onkel.

»Bei Binns.« Ich gab mir Mühe, meine Stimme so harmlos wie möglich klingen zu lassen.

»Bei Binns?« Auch der Alte war plötzlich hellwach. Das war der Moment, auf den Timmy Binn den ganzen Abend gewartet hatte. Aller Augen waren auf ihn gerichtet. Endlich war seine Zeit gekommen. Ganze zweieinhalb Stunden waren vergangen, seit er die Küche betreten hatte. Er setzte das Glas zwischen seinen Beinen auf dem Fußboden ab, faltete die Hände über dem Bauch und wartete auf die entscheidende Frage. Sie kam von dem Alten.

»Nun sag schon, Timmy, was hat dich heute Abend den langen Weg von dort oben zu uns geführt?«

»Ich wollte euch bitten, uns sechs oder acht Stühle zu leihen.«

»Wozu braucht ihr sechs oder acht Stühle?«, hakte der Onkel nach.

»Weil einer von uns gestorben ist, und wir haben nicht genug Stühle für die Totenwache.«

Stille. Der Onkel und der alte Mann tauschten »Hab ich doch geahnt«-Blicke aus. Sie hatten recht geraten. Es war um nichts Harmloses gegangen. Das Warten hatte sich gelohnt. Ungeachtet der Dringlichkeit des Begehrs hatte man sich verhalten, wie es der Brauch wollte. Und das war schließlich das Entscheidende.

Ab Sonntag für immer

Du wirst ein Dutzend Leute oder mehr finden, die dir sagen, an der Geschichte ist kein Wort wahr, und je näher du dem Ort kommst, an dem sie passierte umso mehr wächst die Schar der Ungläubigen. Als ich dem Mann, der mir die Geschichte erzählte, das vorgerechnet habe, nahm er die Pfeife aus dem Mund, spuckte ins Feuer und sah mich scharf an, und das ungemütlich lange. Er hat kein Wort gesagt, aber als er das Mundstück der Pfeife wieder zwischen die Zähne steckte, wusste ich, die Geschichte ist wahr, und wer immer das abstreiten will, ist entweder ein Dickschädel oder ein Dummkopf.

Das Ganze ereignete sich am fünfzehnten Tag des Augusts im Jahre des Herrn, wie man in der Gegend hier sagt, 1934. Es war ein Jahr mit blühenden Wiesen, mit günstigem Wetter fürs Heumachen, mit beklagenswerten Todesfällen.

»Der Fünfzehnte«, wie man den Tag einfach nennt, ist der alljährlich begangene Patronats-Tag, der Tag des Schutzheiligen des hübschen Seebads Ballybunion. Aus allen Ecken von Kerry, Cork und Limerick strömen Tausende auf allen nur denkbaren Transportmitteln herbei, mit dem Fahrrad oder Omnibus, auf Schusters Rappen oder Ponykarren. Das ist auch heute noch so, aber nicht zu vergleichen mit den Massen früherer Jahre.

Jener besondere Fünfzehnte war, wie ich mich erinnere, ein strahlend heller Tag. Der Himmel war blau, und die Luft, durch eine sanfte Brise aus West mit dem Salz von der See gewürzt, war frisch und wohltuend. Allenthalben, in den Milchläden und Gemischtwarenhandlungen schauten Mann, Frau und Kind glücklich drein.

»Herrliches Wetter«, sagten sie zueinander, »und wie geschaffen für einen Tag wie diesen«; und zustimmend kam die Antwort: »Einfach wunderbar, könnte gar nicht schöner sein.« Um dreiviertel elf ging mein Großonkel Morrisheen Digley zur Koppel und fing das Pony ein, und zur Mittagsstunde machte er sich in seinem frisch gestrichenen Kutschwagen auf den Weg nach Ballybunion. Es war eine Lust zu sehen, wie munter das Pony dahintrabte, wie seine Beine tanzten, wie die Hufeisen auf dem Straßenschotter Funken schlugen. Mich hat er damals nicht mitgenommen, ich wäre noch zu jung, hieß es. Stattdessen holte er seinen Kumpel Thady Dowd aus Lacca ab. Keiner von beiden war unter siebzig, und nicht einmal Jüngere hätten so erpicht drauf aus sein können, sich einen guten Tag in Ballybunion zu machen wie die beiden.

In Mikey Joes Irish-American Bar angelangt, spannten sie das Pony auf dem Hinterhof aus und feierten ihre Ankunft zum Patronatsfest mit zwei Gläsern hauseigenem Whiskey. Darauf folgten ein paar Pints, Pints von dem cremigen schwarzen Porter. Ohne die ging es nicht, denn die Reste des Whiskey wollten bis zum letzten Tropfen gründlich aus der Kehle gespült sein.

Das gilt übrigens als höchst ratsame Praxis, will man denjenigen glauben, die es für unerlässlich halten, die geschilderte Reihenfolge beim Trinken einzuhalten.

Gegen Abend gingen sie hinunter zum Strand, um sich die salzige Seeluft um die Nase wehen zu lassen und sich ein bisschen mit Wassertreten zu vergnügen. Leute der älteren Generation schworen darauf, es gäbe nichts Besseres, als mit den Füßen im Salzwasser zu planschen, es wäre die wirksamste Kur für jede nur denkbare Krankheit. Auch unsere beiden empfanden es als sehr angenehm. Die frische Brise vom Atlantik war kräftig und durchlüftete einen so richtig, war aber noch nicht so scharf wie später im Herbst. Gleich hundert anderen waren es die beiden Männer zufrieden, knöcheltief im Wasser hin und her zu wandern, bis sie wieder den großen Durst verspürten.

Im Ort trafen sie dann Nachbarn aus der Umgebung von Lacca, zogen mit ihnen in einen Pub und machten fröhlich beim Rundgesang mit. Als es dunkel wurde, packte sie ein mächtiger Hunger nach was Handfestem. Sie verfügten sich in eine Gastwirtschaft, wo man ihnen saftige Steaks mit Bratkartoffeln vorsetzte. Danach gönnten sie sich eine doppelte Portion leckerer Nachspeise und mehrere Tassen starken, gut gesüßten Tee.

»So, damit hätten wir erst mal 'ne Grundlage für den nächsten Drink«, machte mein Großonkel seinem Zechkumpan Thady Dowd klar. Der war begeistert und nickte zustimmend. Bislang hatten sich die beiden durchaus vergnügt, doch die Nacht war noch jung. Es konnte nur immer besser werden. Also machten sie sich nach ihrer Mahlzeit auf zur großen Tour durch alle Kneipen des Städtchens und genehmigten sich in jeder einen Drink oder auch zwei.

Ist der Leser bis hier gelangt, wird er eine Augenbraue hochziehen, vielleicht auch beide, und fragen, was soll eigentlich die Schilderung einer derart landläufigen Geschichte? So eine Fahrt zum Patronatsfest ist doch Jahr für Jahr das Gleiche, nichts anderes als eine der üblichen Sauftouren, der auch Tausende andere frönen und deren Ende sich vorhersagen lässt.

Doch gemach, lieber Leser, hab noch ein Weilchen Geduld. Die Polizeistunde kam heran, und drei Doppelposten strammer Wachtmeister machten ihre Runden. Schon ihre bloße Gegenwart sorgte dafür, dass jede Gastwirtschaft schloss. Die Wirte waren sogar dankbar, hatten sie somit doch einen langen und anstrengenden Tag hinter sich gebracht. Zu dem Zeitpunkt hatten Thady Dowd und mein Großonkel bereits mehr an Hochprozentigem zu sich genommen, als ihnen guttat, aber das hielt sie nicht davon ab, sich für jeden noch einen Viertelliter Whiskey in Mikey Joes Irish-American Bar zu beschaffen, um sich den Heimweg zu verkürzen.

Da sie das Pony reichlich mit Hafer versorgt hatten, war es in prachtvoller Verfassung, als sie es wieder anspannten. Wie alle Tiere, die einen Tag lang weitab von ihrer gewohnten Umgebung verbracht haben, lockten den Hengst seine vertrauten grünen Weidegründe, und er strotzte vor Tatkraft. Sobald er die Landstraße vor sich hatte und nicht verschiedenen Hindernissen ausweichen musste, verfiel er in einen regelrechten Trab. Der Vollmond erhellte die Landschaft, über die sich der mit Sternen übersäte Himmel spannte. Im Kutschwagen saßen die beiden halbbetrunkenen Kumpane und sangen, so laut sie konnten, begleitet vom stetigen Trapp, Trapp der Hufe ihres Ponys.

Sie stimmten Lied um Lied an, und von Zeit zu Zeit entkorkten sie ihre Flaschen und nahmen einen herzhaften Schluck. Danach sangen sie um so lauter, und die Hunde selbst entfernt gelegener Gehöfte fielen mit ihrem Gebell ein. Ein Ohrenschmaus war das nicht gerade, doch sie brachten Meile um Meile hinter sich.

Aus unerklärlichem Grund blieb ihr Pony plötzlich stehen. Sie konnten ihm zureden, soviel sie wollten, es bewegte sich keinen Schritt weiter.

»Was hat das Vieh bloß?«, fragte Thady Dowd entrüstet.

»Hab nicht die geringste Ahnung«, erwiderte mein Großonkel.

Abgesehen von dem sanften Rauschen des Gale umgab sie eine unheimliche Stille. Eine schmale Brücke überquerte den Fluss. Er war genau der Gale, den schon Edmund Spenser, Poet im 16. Jahrhundert, in einem Gedicht über irische Flüsse besungen hatte. Zur Linken standen die grauen Kreuze und Grabmäler des Friedhofs, übergossen vom fahlen Licht des Mondes. Das Pony verharrte wie angewurzelt mitten auf der Straße, hielt den Kopf gesenkt, jeder Muskel war gespannt. Weißer Schaum tropfte aus dem Maul, in den geweiteten Augen stand die blanke Angst.

»Mir ist ganz mulmig zumute«, flüsterte mein Großonkel.

»Verdammte Scheiße«, rief Dowd. »Ich steig mal ab
und sehe nach, was eigentlich los ist.«

»Bleib, wo du bist!«, riet ihm mein Großonkel, doch
der halsstarrige Dowd war nicht zu stoppen. Er sprang
auf die Straße und umrundete mehrmals mit prüfendem Blick Pony und Kutschwagen.

»Hier ist nichts«, rief er und ging auf den Fluss zu.
Konnte ja sein, die Brücke war baufällig geworden, und
das Pony hatte mit seinem Tierinstinkt gespürt, dass da
was nicht stimmte. Aber die Brücke war völlig intakt.
Er beugte sich übers Geländer und schaute ins flache,
strudelnde Wasser. Nichts Ungewöhnliches war zu er-
spähen.

Er machte kehrt, schüttelte verächtlich den grauhaa-
rigen Kopf und schlurfte in Richtung Friedhof. Kaum
schlug er den schmalen Weg zum Hauptportal ein, da
hob das Pony den Kopf und trotte ihm hinterher. Mein
Großonkel war während der ganzen Zeit im Kutschwagen geblieben. Stocksteif saß er da, hielt die Zügel in
der Hand und verfolgte jeden Schritt seines Freundes
mit Argusaugen.

Dowd stützte sich auf das Gatter der Begräbnisstätte
und stieß einen Schrei höchsten Überraschtseins aus.
Denn was er erblickte, waren zwei Hurling-Mann-
schaften in kompletter Ausstattung mit kurzen Hosen,
Jerseys und Laufschuhen. Jeder Hurling-Spieler hatte
einen Hurley-Schläger in der Hand. Seitwärts saß auf
einem niedrigen Grabstein ein kleiner, friedfertig aus-

sehender, kahlköpfiger Mann. Er hatte ein weißes Trikot an und unterschied sich damit von den Teams, die Rot beziehungsweise Grün trugen. Er hielt einen Hurley-Ball in einer Hand und in der anderen ein altertümliches Jagdhorn aus poliertem Kupfer.

Das Pony war vor dem Tor, über das sich Dowd lehnte, zum zweiten Mal stehen geblieben.

»Komm da weg«, rief mein Großonkel, »überlass die Toten sich selbst.«

»Würde nichts nützen«, schrie Dowd zurück, »das Pony wird sich erst bewegen, wenn's den Leuten da passt.«

»Was ist denn los mit euch?«, rief er den Hurlers zu, die herumstanden, als warteten sie auf etwas Besonderes. Anfangs beachteten sie ihn nicht, erst als er streitlustig erneut rief, kam ein großgewachsener Spieler mit kalkweißem Gesicht zum Tor. Der erklärte ihm, er sei der Kapitän der Hurlers im roten Trikot, das Spiel könne nicht beginnen, weil seinem Team ein Mann fehlte.

»Was seid ihr überhaupt für Mannschaften?«, fragte Dowd kess.

Der Kapitän erklärte ihm, sein Team seien die Ballyduffs und die anderen die Ballybawns.

»Ha!«, rief Dowd übermütig. »Ich bin euer Mann. Meine Mutter, Gott sei ihr gnädig, stammte aus Ballyduff. Wenn ihr nichts dagegen habt, spiele ich in eurem Team.«

Der Kapitän nickte zustimmend, als aber mein Großonkel seinem Kumpan zurief, er solle die Finger lassen von diesem himmelschreienden Unsinn, wandte sich der Kapitän um und sagte zu dem, der im Kutschwagen saß: »Euer Pony wird sich nicht eher vom Fleck rühren, als bis der Schlussruf in diesem Hurling-Spiel ertönt.« Die Stimme klang gespenstisch hohl.

Mein Großonkel hielt sofort den Mund. Das Pony stand wie versteinert, selbst die Geräusche vom Fluss waren verstummt. Der Mond schien silberhell, und das Spielfeld, das so lang und breit war wie der Friedhof, war wie in Flutlicht getaucht. Aus dem Erdboden stiegen Gestalten hoch und nahmen auf der Friedhofsmauer Platz. Der Schiedsrichter schaute zum Mond empor, wartete einige Augenblicke und blies ins Jagdhorn. Dann warf er den Ball ein.

Dowds Team, die Ballyduffs, waren zu Anfang ziemlich lahm und mussten von der agileren Ballybawn-Seite allerhand einstecken. Das erste Tor fiel, nachdem der Schiedsrichter Ballybawn einen *Free-Puck* zugesprochen hatte. Er verwarnte auch einige Ballyduff-Spieler, vor allem Dowd und den Kapitän, wegen beleidigender Äußerungen ihm gegenüber, aber auch wegen unfairen Spiels.

Der Mannschaftskapitän der Ballybawns schlug den Ball glatt zwischen die Torpfosten. Die Fans auf der Friedhofsmauer gerieten aus dem Häuschen, und am Tor kam es sogar zu einem Faustkampf. Jemand bewarf den Schiedsrichter mit einer Kakao-Blechdose, und der drohte, das Spiel abzubrechen, wenn sich die Zuschauer nicht im Zaum hielten. Auf dem Spielfeld kam es hie und da zu Faustthieben, doch im Großen und Ganzen bewegte sich das Spiel auf so hohem Niveau, wie es mein Großonkel schon lange nicht mehr gesehen hatte. Im Spiel war viel Bewegung, und es gab exzellente Treffer aus langer Distanz. Die Schläge aus dem Handgelenk und das Ballaufnehmen mit dem Hurley ließen nichts zu wünschen übrig. Nach der Halbzeit legten sich beide Mannschaften richtig ins Zeug. Die Spielzeit näherte sich dem Ende, und fünf Minuten vor Schluss hatten beide Seiten gleichen Punkt- und Torstand.

Keiner gönnte dem Gegner auch nur einen Zollbreit Boden. Jeder Spieler brannte darauf, das entscheidende Tor zu machen. Die gespenstischen Gestalten auf der Mauer sprangen erregt auf und ab, feuerten die Spieler zu immer besseren Leistungen an.

Fast sah es so aus, als würde das Spiel unentschieden enden. Dem Großonkel fiel auf, dass der Schiedsrichter von Zeit zu Zeit zum Vollmond hochblickte und das Jagdhorn nervös in den Händen drehte. Lag es daran, dass er das Spiel beim gegenwärtigen Stand am liebsten abgeblasen hätte, um sich die Hände in Unschuld waschen zu können? Nichts kommt einem Schiedsrichter mehr zupass als ein Unentschieden. Beide Seiten behalten ihre Hoffnung, beim nächsten Mal besser abzuschneiden, und es ist unwahrscheinlich, dass man den armen Mann verprügelt, wenn er vom Spielfeld geht. In den letzten Spielminuten entstand im Mittelfeld ein Gerangel, an dem Dowd nicht unbeteiligt war. Man schlug mit Fäusten um sich, und Hurley-Stöcke wurden hochgereckt. Mehr als einmal hörte man Eschenschläger dumpf auf harte Schädel knallen.

Der Schiedsrichter ging dazwischen, holte einen Schreibblock aus der Tasche und fing an, Namen zu notieren. Dowd nutzte die kurze Pause und gönnte sich einen Verschnaufer. Er hockte auf einem sich anbietenden Grabstein, zog die Whiskeyflasche aus der Hosentasche und warf einen betrübten Blick auf den Rest darin. Die Flasche war noch viertelvoll, er hob sie an die Lippen und trank sie in einem Zug leer. Beim Absetzen rülpste er so laut, dass es über den ganzen Friedhof hallte. Mit sich zufrieden, zog er den Hosenriemen fest und wartete auf die Wiederaufnahme des Spiels.

Eigentlich blieb kaum noch eine Minute, dennoch wurde ins Horn geblasen und der Ball eingeworfen. Dowd kam sofort in Ballbesitz. Mit einem wilden Schrei fuhr der Betrunkene durch seine Gegner wie eine Sichel durch hohes Präriegras, dabei balancierte er den Ball auf dem breiten Ende des Hurley-Schlägers. Mal schoss er wie eine Forelle dahin, sprang dann hoch wie ein Hirsch. Er hüpfte über Grabhügel und raste halsbrecherisch schnell um Kreuze und Grabsteine. Nie verlor er das Ziel aus dem Auge, die Torlinie des Gegners.

Auf dem linken Flügel tat sich eine Lücke auf, er nutzte die Chance, rannte durch und schnurstracks auf das Tor zu, nicht ohne dass die ganze Ballybawn-Mannschaft ihm auf den Fersen blieb wie eine Meute hungriger Jagdhunde. An der 20-Meter-Linie stoppte er abrupt und schlug den Ball. Der driftete nach rechts weg, flog aber durch die Kreisöffnung eines keltischen Kreuzes, prallte am Kopf eines Gipsengels ab und sprang gegen die ausgestreckte Hand des Erzengels Michael. Dadurch wurde der Ball aufs Tor gelenkt, kurvte um den linken Pfosten und landete im Netz unter der Quer-latte.

Um bei der Wahrheit zu bleiben, nicht nur der Ball, sondern auch die leere Whiskeyflasche sauste durch die Luft. Dowd hatte sie in weiser Voraussicht, sobald der Schiedsrichter ihm den Rücken zudrehte, auf den Torwart der Ballybawns geschleudert. Die Zuschauer waren außer Rand und Band. Die Ballyduffs und ihre Anhänger scharten sich um Dowd und umarmten ihn. Sie hoben ihn auf die Schultern und trotteten mit ihm einmal um den Friedhof. Am Ende des Triumphzugs forderte der Kapitän zu drei Hipphipphurras für ihren Sieger auf. Dreimal stiegen unheimlich klingende Laute gen Himmel, und als sie erstarben, wurde das Rauschen des Flusses wieder hörbar. Die Mannschaften waren ur-plötzlich verschwunden, bis auf den langen, gespenster-haft wirkenden Kapitän der Ballyduffs. Nach über einer Stunde regte sich auch das Pony wieder. Es scharrte mit den Hufen auf dem schmalen Weg und wäre am liebs-ten gleich losgetrabt.

»Komm, steig ein!«, rief mein Großonkel. Begleitet vom Kapitän, schritt Dowd auf das Eingangsgatter zu, vor dem das Pony tänzelte und kaum noch zu halten war. Dowd schüttelte dem Kapitän die Hand und war schon im Gehen, da legte sich eine Geisterhand fest auf seine rechte Schulter. Der Kapitän beugte sich zu ihm und flüsterte ihm etwas ins Ohr. Was immer er zu hören bekam, Dowds Gesichtszüge änderten sich schlagartig. Die glühend rote Nase verfärbte sich bräunlich, und die vom Whiskey rosig angehauchten Wangen wurden aschfahl. Nur mühsam kletterte er über das Gatter, während der Kapitän sich hinter ihm wie ein vom Wind verwehter Nebelstreif auflöste.

Dowd kauerte sich in den Kutschwagen, schwieg und starrte vor sich hin. Seine Miene war so gramerfüllt, dass es meinem Großonkel in die Seele schnitt. Das Pony verausgabte sich auf dem Heimweg geradezu, die Mähne flatterte, der feste Rumpf hob und senkte sich im Rhythmus des Trabs.

Schließlich stellte mein Großonkel die ihn bedrängende Frage. »Was, um Himmels willen, hat er dir gesagt?«

Dowd schüttelte langsam und traurig den Kopf, ehe er sich zu einer Antwort durchrang. Die Worte kamen stockend mit gebrochener Stimme. »Weil ich so toll gespielt habe, hat er gesagt, gehör ich ab Sonntag für immer zu ihnen.«

Das Weideland vor der Schanze

»Gras für zehn Kühe, und das Wasser reicht für eine Million.« Der Alte lachte, während er das sagte.

Es ist schon eine Weile her. Wir trieben die Kühe einen engen Wiesenweg hinunter zum abendlichen Melken und hatten ziemliche Eile. Am Abend gab es ein Fußballspiel in Castle-Island. Eine Mannschaft aus Tralee wurde erwartet, ebenbürtige Gegner, und wir fieberten einem spannenden Spiel entgegen. Hinter den gelben Ginsterbüschen, die sich von den grünen Hecken abhoben, konnte ich die schmalen Wiesenstreifen sehen. In manchen glitzerte die Bodennässe selbst im Hochsommer.

Eigentlich wie in einem Theaterstück, dachte ich. Der Alte und seine Frau sind die Hauptdarsteller. Die zehn Kühe und das andere Vieh sind die Schauspieler, fehlt nur noch einer, der Bösewicht nämlich. Ich mache den Chor. Ihr merkt schon, den Störenfried hebe ich mir bis zuletzt auf. Dabei war er von Anfang an da. Ich meine das Wasser, das immer gegenwärtige, stets vorhandene, verfluchte Grundwasser.

Oft genug hatte der Alte in Wirtshäusern aus Jux damit geprahlt, dass ein Reiter auf einem Pferd es nicht schaffen würde, seinen Besitz an einem Tag zu umrunden. Fremde schüttelten ungläubig den Kopf, doch diejenigen, die seine Wiesen kannten, warteten geduldig auf die erläuternde Fußnote.

»Ihr könnt mir glauben«, sagte er schließlich augenzwinkernd, »hinter der Wiese an der Schanze würden Ross und Reiter einfach absaufen.«

Am Ende des Wiesenwegs standen der weiß gekalkte Kuhstall und das Wohnhaus. Davor war das Hoftor mit den fünf Querstangen. Wie immer verschnauften wir dort erst einmal und genossen den Blick auf das so gepriesene Wiesenstück. Es war in der Tat etwas ganz Besonderes, wirkte wie ein Wohnzimmer mit einem Teppich, der grüner war als alles andere in der Nachbarschaft ringsum. Es war mit saftigem Klee und wilden Wicken bewachsen, war schlechthin ein Weideland, das der Herrgott so hatte gedeihen lassen, um eine Entschädigung zu bieten für all die anderen morastigen Flächen ringsum. Es war von Weidegründen umgeben, die weit magerer waren, und nahm daher eine Sonderstellung ein. Es erinnerte an die herrlichen Ländereien, die man vom Fenster aus erblickt, wenn sich der Zug Dublin nähert. Ich habe mich oft gefragt, was so ein Stück Grünland inmitten all des Soandersartigen zu suchen hat.

Der Name »Weide an der Schanze« ging auf ein altes Bollwerk zurück, das ganz hinten auf dem Grundstück mit der Spitze zur Wiese hin stand. In der Gegend gab es mehrere solcher altertümlichen Schanzen, aber keine hatte das gewisse Etwas wie diese hier.

Dieses Stück Weideland war bis auf den letzten Quadratzentimeter vermessen worden und demzufolge 5866 Quadratmeter groß, umfasste also, grob gesagt, zwei Morgen beziehungsweise ergab ein mittleres Fußballfeld. Man muss nicht betonen, dass es eine Sonderbehandlung erfuhr. Mehr Karrenladungen Dung wurden darauf ausgestreut als auf andere Weideflächen, auch erhielt es jährliche Zuteilungen an Düngekalk. Nur das Allerbeste kam in Frage. Es war das best entwässerte Grundstück der ganzen Farm, in meinen Augen ein Vorzeigeobjekt.

Obwohl wir uns eigentlich beeilen wollten, blieben wir eine Weile am Gatter stehen. Mir war klar, worum es ihm ging. Ich wusste, er würde erst weitergehen, wenn ich geredet hatte. Also kletterte ich auf einen der Torpfeiler aus Beton und setzte die Bewunderungsmiene auf.

»Ein prachtvolles Stück Land«, sagte ich anerkennend.

Er schwieg, aber an seinen gleichmäßigen Atemzügen merkte ich, er hatte das Lob wahrgenommen.

»Ein Weideland wie dieses kannst du von Portmagee bis Trabert Island suchen«, fuhr ich fort, »du wirst kein besseres finden.«

Stumm tätschelte er einer Kuh den Rücken. Es lag ihm daran, so etwas wie Bescheidenheit an den Tag zu legen, und daher tat er immer so, als ob er sich aus dem Lob anderer nichts machte.

»Auf so einer Wiese dürfte eigentlich nur ein Rennpferd grasen«, meinte ich noch.

Dann sprach erstmals er. »Schlecht ist sie nicht«, räumte er ein. »Zumindest nicht die Schlechteste.«

Obwohl die Zeit drängte, zeigte er keine Neigung, sich weiterzubewegen. Ich musste auf ein Ende zusteuern, sonst würden wir das Fußballspiel verpassen. Ich zermarterte mir den Kopf. Wie sollte ich mich noch steigern? Aber genau das erwartete er. Ungeduldig tippte er mit einem Fuß auf den Boden.

»Es ist ein Stück Land, für das es sich zu kämpfen lohnt«, fiel mir plötzlich ein. Ich erinnerte mich an die Redewendung aus einem Schullesebuch.

»Das ist gut«, sagte er und wiederholte meinen Satz Wort für Wort. »Ein Stück Land, für das es sich zu kämpfen lohnt. Das klingt wirklich gut.« Wir gingen weiter, und er holte einen Shilling aus der Tasche und gab ihn mir. Der Shilling stand mir sowieso zu, aber dass ich ihn so schnell bekam, damit hatte ich nicht gerechnet. Nachdem wir die Kühe gemolken hatten, gab es noch eine Überraschung. Diesmal für die Kühe. Anstatt sie auf die Koppel am Bach zu treiben, sollte ich sie auf die Wiese vor der Schanze lassen. Natürlich waren sie dankbar dafür, denn sobald ich das Gatter öffnete, trotteten sie an mir vorbei, muhten fröhlich und reckten die Schwänze hoch.

Nach dem Ende des Fußballspiels in Castle-Island verfügten wir uns in einen Pub. Die Leute vom Lande blieben in jenen Tagen immer dem Ladenbesitzer treu, der aus ihrer heimatlichen Umgebung stammte. Wenn also der Sohn eines Landwirts ein Geschäft in der nahegelegenen Stadt eröffnete, konnte er sicher sein, dass die Leute, die aus seinem engeren Umkreis kamen, bei ihm kauften.

Männer, die hinter der Theke im Wirtshaus standen, mussten sich diplomatisch verhalten, sonst gingen sie pleite. Der Wirt, bei dem wir einkehrten, machte da keine Ausnahme. Er war früher einmal Nachbar des

Alten gewesen, folglich begrüßte er uns herzlich und zuvorkommend, und das sogar mit Handschlag, nachdem er sich die Hände an einem Tuch abgetrocknet hatte.

»Wie geht's euch, Männer?«, war seine erste Frage. Das war gescheit, denn es galt uns beiden gleichermaßen und verlieh mir darüber hinaus ein Ansehen, das sich alle Jungen sehnlichst wünschten. Ich hatte ihn sofort gern, und als er mir noch zuzwinkerte und die Enden seines gewachsten Schnurrbarts zwirbelte, war ich vollends für ihn eingenommen.

Wir bestellten unsere Getränke, sie wurden sogleich gezapft, und wir zahlten.

»Habt ihr schon mit der Heumahd begonnen?«, erkundigte sich der Wirt.

»Noch nicht«, erwiderte der Alte, »aber wenn sich das gute Wetter weiter so hält, wird es langsam Zeit.«

»Viele sind schon beim Heumachen«, warf einer der Zuhörer ein.

»Bei den Wiesen, die die haben, gehört ja auch nicht viel dazu«, entgegnete der Alte. So wurde hin und her geredet. Die Gaststube füllte sich, und mit der Zeit wurden die Beiträge länger und auch ein bisschen lauter. Männer, die zuerst geschwiegen hatten, äußerten sich nun ebenfalls und gaben zu jedem Thema ihren Senf dazu.

Um uns herum waren die Leichenreden zum Fußballspiel in vollem Gange.

»Bei denen aus Tralee bist du verloren, wenn die erst mal den Ball haben«, behauptete einer, der Pfeife rauchte.

»Kann schon sein«, sagte ein anderer. »Aber die Spieler rechts und links außen von Castle-Island waren nicht schnell genug. Wenn die ordentlich Einsatz zeigen, beschäftigen sie die Verteidiger der Gegenseite, und wenn du die Verteidiger ablenkst, kriegst du 'ne Torchance.«

Als die allgemeine Unterhaltung abflaute, wendete sich der Wirt wieder uns zu. Das ging nicht, ohne sich über den hohen Tresen zu beugen.

»Wie viele Milchkühe hast du jetzt?«, fragte er.

»Zehn«, antwortete der Alte.

»Färsen auch?«

»Zwei.«

»Und Kälber?«

»Vier.«

Auf diese Art von Gerede sprang der Alte nicht an, das war zu banal, versprach nicht, irgendwie interessant zu werden.

»Du hast doch da dieses großartige Stück Weideland«, wechselte der Wirt das Thema, »das hinter dem Gatter mit den fünf Querstreben und dem alten Bollwerk am Ende.«

Sofort richtete sich der Alte auf. Wenn die Unterhaltung in die Richtung driftete, war das etwas für ihn. Der Wirt spürte, dass er ins Schwarze getroffen hatte, und ging ihm weiter um den Bart. »Das Gras wächst da so dicht und üppig, man könnte glatt drauf schlafen und würde nicht mal spüren, ob es eine Wiese oder eine Matratze ist, was man unter sich hat.«

Der Vergleich haute uns um. Der alte Mann bestellte

noch eine Lage und für die beiden Zechbrüder auf den Hockern neben uns gleich mit.

Wenn Bauern im Dorfpub beieinander sitzen, dann reden sie nicht über Kunst oder Politik, und wenn sie sich streiten, dann geht es nicht um Religion, es sei denn, der Gemeindepfarrer ist dabei, eine neue Kirche bauen zu lassen, und verlangt von jedem eine Spende in Höhe der Stückzahl des Viehs eines jeden. Bauern reden über gute und schlechte Ernten und über Zuchteber, und wenn sie sich über eine Sache länger auslassen, was nicht oft vorkommt, dann geht es um Zuschüsse für Entwässerungsgräben oder um Qualitäts-Saatkartoffeln. Das alles beherrschende Thema aber ist der Boden, und ob er zu nass oder zu trocken ist. Kam dann die Rede auf die Wiese vor der Schanze, konnte man sicher sein, dass alle eine Weile zuhörten.

»So eine Wiese wie die gibt's in diesen Breiten nicht noch mal«, brüstete sich der Alte.

Ringsum nickte man weise mit den Köpfen und schlürfte seinen Habliter Porter.

»Ich mache auch gar keinen Hehl daraus, dass da 'ne ganze Menge Leute sind, und die könnte ich nennen, die schon ein Auge drauf geworfen haben«, fuhr er mit gedämpfter Stimme fort. Ich sollte es nicht unbedingt hören, wusste ich doch genau, dass sich niemand außer ihm wirklich dafür interessierte.

»Es heißt«, sagte der Wirt, der wieder zu uns herüberkam, »im Winter kannst du da alles um und um graben, und nirgends stößt du auf Wasser, nicht mal auf einen Eierbecher voll.«

»Nicht mal auf einen Fingerhut voll«, bekräftigte der Alte.

Danach blieb es lange still, keiner hätte es besser auszudrücken gewusst. Außerdem war die Stimmung im Raum so gelöst, und jeder hatte sein Lob geäußert, dass es Frevel gewesen wäre, dem zu widersprechen. Gemächlich wie ein murmelnder Bach kam das Gespräch wieder in Gang. Die Themen konnten unterschiedlicher nicht sein – reichten von Pferdebremsen bis Kunstdünger.

»Es ist ein Stück Land, für das es sich zu kämpfen lohnt.« Völlig aus dem Zusammenhang gerissen, sprach der Alte in den Raum hinein.

Die tiefgründige Weisheit des Satzes ließ alle in Hörweite aufhorchen. Andachtsvoll wiederholten die beiden Männer neben uns die Worte, damit sie bei der Weitergabe von Mund zu Mund ja nicht entstellt würden. Andere griffen sie auf und sagten sie weiter. Natürlich waren da auch Gäste, die keine rechte Ahnung von den Dingen hatten, und die taten den Spruch mit einem Achselzucken ab, weil sie seine tiefere Bedeutung nicht erfassen konnten. Die meisten Anwesenden aber stimmten der soeben gehörten Sentenz zu, ja, versuchten sogar, sie sich einzuprägen, um sie in Zukunft bei gegebenem Anlass wieder zu verwenden.

Unversehens war die Zeit des Ausschankschlusses herangekommen. Der Wirt schlug dreimal mit dem Holzhammer auf den Tresen.

»Zeit nach Hause zu gehen, Jungens«, rief er.

Ohne zu murren trank jeder sein Glas aus, und einer nach dem anderen trat hinaus in den Mondenschein.

Als ich endlich im Bett lag, schlief ich schnell ein. Es war wohltuend, die müden Glieder unter dem weichen Federbett auszustrecken. Wie spät es war, als die alte Bäuerin in meine Kammer kam, habe ich vergessen. Ich weiß nur, dass ich aufwachte, weil sie mich an der Schulter rüttelte.

»Was gibt es?«, fragte ich verschlafen.

»Es ist wegen meinem Alten, der ist irgendwie überge-schnappt«, entschuldigte sie sich. »Er kann nicht schla-fen und will, dass du mal für 'ne Minute rüberkommst.«

Ich stand auf und ging in die Stube nebenan. Auf-gerichtet und mit Kissen im Rücken saß er im Bett. Er hatte die Pfeife im Mund, und aus seinen zusammen-gebissenen Zähnen kräuselten sich Rauchwolken.

»Ich habe es glatt vergessen«, klagte er.

»Was hast du glatt vergessen?«, fragte ich.

»Was du gestern Abend über die Wiese vor der Schanze gesagt hast.«

»Ach das.« Ich lachte.

»Da gibt's gar nichts zu lachen«, grummelte er. »Ich liege deshalb schon die halbe Nacht wach.«

»Es ist ein Stück Land, für das es sich zu kämpfen lohnt«, erinnerte ich ihn.

»Ah ja, das war's«, sagte er beruhigt und legte die Pfeife auf den Nachttisch. Er strich die Kissen glatt, ließ sich auf den Rücken sinken und zog die Bettdecke unters Kinn. Ein befriedigtes Lächeln glitt über sein Gesicht.

»Es ist ein Stück, für das es sich zu kämpfen lohnt«, flüsterte er vor sich hin. Schon einen Moment später schnarchte er und war fest eingeschlafen.

Wie umgewandelt

Das Dorf schlief. Im Halbschlaf lag es eigentlich immer. Jetzt aber, in der sengenden Junisonne, schlief es wirklich. Es bestand aus einer einzigen langen Straße mit vierzig oder fünfzig Häusern. Darunter waren Geschäfte, im Grunde genommen viel zu viele, auch drei heruntergewirtschaftete Pubs, deren Türen verschlossen waren, als wäre es ihnen peinlich, überhaupt Gäste einzulassen. Das stimmt natürlich nicht ganz. Was aber stimmt, ist, dass durchreisende Fremde Aufsehen erregten und das normale Leben völlig durcheinander brachten. Die Dorfbewohner tranken nur abends, und das auch in Maßen, und waren nicht so einfach bereit, Gepflogenheiten zu akzeptieren, die ihnen völlig fremd waren.

Mitten auf der Straße lag ein räudiger Schäferhund, eine Hündin, und sonnte sich, das einzige lebende Wesen weit und breit. Es war ein Freitag. Ich erinnere mich noch genau, denn mein Onkel, bei dem ich zeitweise wohnte, war an dem Morgen zur Anlegestelle geradelt, um zwei frische Makrelen zu holen. Makrelen schmecken besser, wenn sie frisch gefangen zubereitet werden.

Jedenfalls lag die Hündin lang hingestreckt in der Sonne. Vom Küchenfenster aus konnte ich die ganze Straße übersehen. Abends, wenn der Onkel nicht in den Pub ging, saßen wir immer dort und beobachteten die Nachbarn. Er lieferte die Kommentare, und ich hörte zu, und manchmal lief ich rasch in meine Kammer, um außergewöhnliche Formulierungen zu notieren. Er gab herrliche Kommentare ab, aber ich hütete mich, eine anerkennende Bemerkung zu machen. Er hätte dann vielleicht nichts mehr gesagt und zu seinen Beobachtungen geschwiegen. Bisweilen hatte ich Mühe, das Lachen zu unterdrücken, und wenn es mir nicht ganz gelang, strafte er mich mit argwöhnischen Blicken.

Ich hörte ihn hinter mir in der Küche wirtschaften. Er rumorte mehr herum, als nötig gewesen wäre.

»Wie möchtest du sie haben«, rief er, »gedünstet oder gebraten?«

»Gebraten natürlich.«

Am äußersten Ende des Dorfes kam ein schicker grüner Sportwagen in Sicht. Ein junger Bursche und ein Mädchen saßen drin. Eben noch war er etwas weiter weg, und schon bremste er heftig, um die Schäferhündin zu verschonen.

»Was ist denn da draußen los?« Mein Onkel wartete erst gar nicht meine Antwort ab.

Mit der Bratpfanne in der Hand stand er bereits neben mir. Das Auto hatte angehalten, und der Fahrer stieg aus, um das Hindernis aus dem Weg zu räumen.

»Nun los. Komm schon. Mach Platz, du faules Mistvieh.«

Gemächlich richtete sich die Hündin auf, kratzte sich an den Zitzen und kam schwerfällig auf die Beine. Ohne den Fahrer eines Blickes zu würdigen, schlich sie zum Bürgersteig, wo sie sich sofort wieder hinlegte.

Inzwischen standen schon etliche Bewohner in den Türen ihrer Häuser. Das Quietschen der Bremsen war nicht zu überhören gewesen, und man wollte sehen, was passiert war. Ich folgte meinem Onkel zur Tür, stumm verharrten wir und ließen kein Auge von dem Mädchen. Sie hatte sich von ihrem Sitz erhoben und schaute sich um, die Hände auf die Hüften gestützt. Sie war groß und blond. Das eng anliegende rote Kleid klebte am Körper wie das Etikett an einer Flasche.

»Hübsch. Wirklich hübsch«, bemerkte mein Onkel.

»Ich glaube, ich ziehe das Kleid lieber aus«, sagte das Mädchen zu dem jungen Mann. »Es klebt alles, ich bin total verschwitzt.«

»Mach, was du willst«, erwiderte er, kehrte zum Fahrersitz zurück und zündete sich eine Zigarette an.

Das rote Kleid war vorn durchgeknöpft. »Wo sind wir hier eigentlich?«, fragte sie und fingerte am obersten Knopf. Ihrem gelangweilten Ton konnte man entnehmen, dass es sie nicht im Geringsten interessierte.

»Weiß nicht. Ist ja auch egal.«

Sie zuckte mit den schmalen Schultern und machte sich weiter an den Knöpfen zu schaffen, ohne sich an den großen Augen und teilweise offenen Mündern der Dorfbewohner zu stören. Ein paar Häuser weiter weg wurde eine Tür zugeschlagen, das war aber auch der einzige Protest. Als sie an die untersten Knöpfe gelangte, musste sie sich bücken, stöhnte und grunzte dabei jedoch nicht, wie es die Frauen aus dem Dorf sonst taten. Eine ruckartige Bewegung, und das Kleid glitt von ihr und landete auf der Erde.

Darunter trug sie karierte Shorts und einen roten BH, mehr nicht. Den jungen Mann störte das nicht weiter, er schaute sie nicht einmal an, als sie ihn bat, ihr ihren Sweater zu reichen, der unter dem Sitz lag. Nach einigem Herumsuchen fand er das Kleidungsstück, warf es ihr zu und sagte nur leicht verärgert: »Sieh zu, dass du endlich fertig wirst.«

»Hast du schon mal so einen herzlosen Grobian erlebt?«, empörte sich mein Onkel und schlug die Arme untereinander. Ein paar Augenblicke war das Mädchen damit beschäftigt, Staub oder Fusseln oder irgend so etwas aus dem Pullover zu schütteln. Der ganze Körper arbeitete bei jeder Bewegung mit. Als sie dann den Sweater über den Kopf zog, geschah etwas, worauf keiner der Zuschauer gefasst war. Vermutlich verlor gerade auch deshalb niemand später ein Wort darüber, wenngleich ich ziemlich sicher bin, dass es insgeheim alle lange beschäftigte.

Während sie Hals und Schultern reckte und drehte, um den Sweater besser hinüberzukriegen, kam unversehens – und ich glaube wirklich, es war nicht beabsichtigt – eine ihrer Brüste zum Vorschein. Ringsum hielt man hörbar den Atem an. Weitere Türen wurden zugeschlagen.

»So ein Flittchen aber auch«, eiferte sich eine Frau.

Das Mädchen schien es zu überhören. Ihr Busen war verführerisch schön, jugendlich straff, auf der rosafarbenen Brust hob sich dunkel die braune Warze ab.

»Zeig's ihnen«, raunte mein Onkel, »es kann ihnen nur guttun.«

153

Der Sweater war endgültig übergestreift. Sorgsam prüfte das Mädchen, ob das kurz geschnittene Haar nicht gelitten hatte. Da war nichts dran zu richten, aber Mädchen fummeln ja ständig an ihren Haaren rum und meist grundlos.

Sie hob das Kleid auf und befühlte mit bloßer Hand die Kühlerhaube. Offensichtlich war sie wärmer als erwartet, denn sie zog rasch die Finger zurück, breitete aber das Kleid darauf aus. Dann machte sie es sich selbst da oben gemütlich und zauberte wie aus dem Nichts einen Lippenstift hervor. Ihr Partner hatte die ganze Zeit tatenlos dagesessen und stur vor sich hingestarrt. Jetzt warf er die erst halb aufgerauchte Zigarette weg, blieb aber mit untergeschlagenen Armen und gesenktem Blick sitzen, ohne etwas von der Umwelt wahrzunehmen.

Das Mädchen war fertig mit Schminken, legte säuberlich das Kleid zusammen, ging nach hinten zur Kofferklappe, betätigte einen Knopf und verstaute das Kleid im Kofferraum. Während sie die Klappe wieder schloss, wanderte ihr Blick von einem Ende der Straße zum anderen. Interessiert betrachtete sie die noch verbliebenen Gesichter. Falls sie überhaupt irgendeine Reaktion in ihnen las, ließ sie es sich nicht anmerken. Einen kurzen Moment kreuzte sich ihr Blick mit dem meines Onkels. Er zwinkerte ihr kaum wahrnehmbar zu, doch sie musste es mitbekommen haben, denn sie quittierte es mit einem schwachen Lächeln, als sie wieder ins Auto stieg. Sie gab dem jungen Mann einen freundschaftlichen Knuff, und er drehte sich zu ihr, griff sie an den Schultern und drückte ihr einen raschen Kuss auf die Wange. Der Motor heulte auf, und das Auto schoss los. Im Handumdrehen war es auf und davon, und ich war alt genug, um zu wissen, dass es nicht wieder auftauchen würde.

Später – wir hatten unsere Makrelen gegessen – machten wir uns auf den Weg, um die Kühe zum abendlichen Melken heimzutreiben. Das war die Tageszeit, die ich am meisten mochte. Die Vormittags- und Nachmittagsstunden wollten nicht vergehen und zogen sich endlos hin, aber war erst mal abends das Melken erledigt, bestand Aussicht auf kleine Abenteuer. Wir radelten zur Anlegestelle und schauten den Hummerfischern zu, die mit ihren Booten hereinkamen, oder gingen in den Pub und hörten ganz einfach den Gesprächen zu.

An dem berüchtigten Abend entschieden wir uns für den Pub. Schon beim Essen hatte mein Onkel gesagt, es würde niemals mehr so sein wie zuvor. »Na gut, wenn auch nicht niemals, so doch mindestens für eine lange, lange Zeit.« Ich hatte wissen wollen, wie er das meinte.

»Nun ja, ich weiß auch nicht recht, wie ich das erklären soll, aber das Mädchen, das wir da gesehen haben, hat alles verändert.«

»Inwiefern?«

»Du machst mich ganz schwach mit deiner Fragerei«, hatte er versucht, mich abzuwimmeln. »Wie soll ich das beantworten können? Ist das der Dank dafür, dass ich in der Küche gestanden und uns Makrelen gemacht habe?«

»Hast du nicht Angst, ich könnte dumm bleiben?«
Ich versuchte, ihn mit seiner eigenen Redensart zu
schlagen, die er immer drauf hatte, wenn ich wenig Interesse für Dinge bekundete, die er für wichtig hielt. Er
ging aber nicht darauf ein und sagte nur: »Warte ab.
Wirst schon sehen.«

Wir waren früher im Pub als sonst. Bevor wir das
Haus verließen, rasierte er sich, was ungewöhnlich war.
Die meisten Männer im Dorf rasierten sich nur zum
Wochenende oder zu Festtagen.

Drinnen im Pub war es kühl. Neben der Tür stand
eine lange Holzbank. Wir setzten uns und bestellten
einen Pint Stout und eine Flasche Limonade. Außer
uns waren noch zwei andere Gäste da. Der eine war der
Sohn eines Bauern, den ich vom Sehen her kannte, und
der andere war der junge Hilfslehrer aus der Jungen-
schule des Dorfes.

»Das hat heut manchem zu denken gegeben«, meinte
der Wirt, als er die Getränke gebracht und das Geld
kassiert hatte.

»Das kann man wohl sagen«, pflichtete ihm mein
Onkel fromm bei, »und wenn das Wetter so bleibt, hält
der Zustand auch noch morgen an.«

Ich konnte dem nur entnehmen, dass er in Topform
war. Derartige Bemerkungen waren bei ihm nichts Ungewöhnliches. Niemand konnte mit seinen Worten
wirklich etwas anfangen. Den ganzen Abend würde er
so fortfahren und die nichtssagende Unterhaltung auf
seine Weise würzen.

Der junge Lehrer, der nicht aus dem Ort stammte,

leerte sein Glas und bestellte ein neues. Er war offensichtlich zu Streit aufgelegt.

»Wieder dieser Miesmacher«, flüsterte mein Onkel.

»Wie fandet ihr den Striptease heute?« Niemand reagierte auf seine provokante Frage. Er ging zum Fenster und schaute hinaus.

»Hier ist einfach nichts los«, meckerte er rum.

»Für Sie vielleicht nicht«, sagte mein Onkel und ging zu ihm ans Fenster hinüber. Zu dritt sahen wir hinaus auf die Straße.

»Alles öde und verlassen«, kommentierte der Lehrer.

»Schrecklich leer«, bekräftigte der Onkel.

Ein Pärchen kam die Straße hinaufgeschlendert.

»Ausgerechnet die Flatface«, moserte der Lehrer. Flatface war der Spitzname für Mrs. O'Brien. Sie war die mit den meisten Kindern im Dorf. Nicht, dass sie eine attraktive Frau war, und von ihrem Mann konnte man das auch nicht gerade sagen. Doch heute Abend sah Mrs. O'Brien völlig anders aus. Sie hatte Make-up aufgelegt, und auch das Haar war frisch gewaschen und gekämmt.

»Wie umgewandelt«, stellte mein Onkel fest.

»Der schwängert sie gleich wieder«, meinte der Lehrer.

Weitere Pärchen tauchten auf der Straße auf, Ehepaare, die man sonst nie zusammen gesehen hatte. Manche hatten sich sogar untergehakt, und alle gingen eng aneinander geschmiegt.

»Was soll das?«, fragte der Lehrer nervös. »Was ist in die gefahren?«

»Merkwürdig«, sagte der Onkel.

Als der Pub schloss, gingen wir gemeinsam die Straße entlang. In der Tür neben unserem Haus standen ein Mann und seine Frau, sie im Sonntagsstaat, und er an ihrer Schulter Halt suchend.

»Er braucht sie als Stütze, soviel ist klar«, bemerkte der Onkel, »doch dass er das so öffentlich zeigt, hätte ich nie von ihm erwartet.«

Im Haus gegenüber saßen zwei Mädchen auf dem Fenstersims.

»Komm rein zu einer Tasse Tee, Jack«, lud die eine ihn ein.

Der Onkel zögerte.

»Nun komm schon, Jack«, redete ihm die andere zu, »es ist doch noch gar nicht spät.«

Auf der anderen Straßenseite stand der junge Lehrer, mit gekreuzten Beinen lehnte er schlaksig an der Wand. Er wirkte irgendwie unglücklich und verloren.

»Trinken Sie eine Tasse Tee mit?«, rief mein Onkel hinüber.

In den Lehrer kam plötzlich Leben. Er vergewisserte sich erst nach rechts und links, ob auch wirklich er gemeint war. Sich seiner Sache sicher, hastete er dann über die Straße, das Bedürfnis nach Gesellschaft stand ihm ins Gesicht geschrieben.

Der Onkel erklärte den Mädchen, dass er mich noch erst nach Hause bringen müsste, versprach aber, gleich wieder zurück zu sein. Sie sollten schon mal ohne ihn anfangen. Höflich, geradezu galant, trat der Lehrer einen Schritt zur Seite, um die Damen vorgehen zu lassen. Die eine kicherte, hielt sich aber verschämt den Mund zu, als die andere sie mahnend anstieß. Zu Hause angelangt, goss mir der Onkel ein Glas Milch ein, und wir setzten uns noch kurz zusammen an den Tisch.

»Verstehst du jetzt, was ich gemeint habe?«, fragte er. »Ich sagte dir doch, es würde niemals mehr so sein wie zuvor.«

Ich nickte, um zu bekräftigen, dass ich verstand.

»Hast du dich deshalb heute Abend rasiert?«, wollte ich wissen.

»Nein«, erwiderte er, »aber es war kein Fehler, soviel steht fest.«

Zwei Pelzmäntel

Jack Murphy war sportbegeistert. Will sagen, er verschwand gern mal für eine Woche, wenn im weiteren Umfeld mehrere Sportveranstaltungen stattfanden und er gerade eine wohlgefüllte Brieftasche hatte und Reiselust verspürte.

Er war Inhaber eines gut gehenden Geschäfts und hatte eine exzellente Ehefrau, die ihm in allen erdenklichen Situationen mildernde Umstände zubilligte.

Er hatte auch eine Schwägerin, die pausenlos darauf aus war, Unfrieden zwischen dem Paar zu säen. Jacks Ehe war kinderlos, und auch nach fünfzehn Jahren »steten Bemühens«, wie er sich auszudrücken beliebte, schien die Wahrscheinlichkeit gering, Familienzuwachs zu erhalten.

Die Schwägerin war bald, nachdem ihr Mann gestorben war, zu ihnen gezogen. Gehässige Nachbarn vertraten die Ansicht, sie habe ihn mit ihrer ewigen Nörgelei umgebracht, andere gingen sogar so weit zu behaupten, er habe sich zu Tode getrunken, um sich von ihr zu befreien.

Man muss Jack Murphy zugestehen, dass er sie im Hause duldete. Nie ließ er sie spüren, dass sie eigentlich ein Fremdkörper sei, und selbst seine ärgsten Feinde waren bereit, ihm das zugutezuhalten. Wenn sie ihre Tiraden losließ, nickte er ab und an, gab aber niemals durch ein Wort oder eine Geste zu erkennen, ob er ihr zustimmte oder nicht.

Jacks Frau Kitty war ihrem Gatten überschwänglich dankbar dafür. Ihr war durchaus bewusst, dass niemand sonst Margaretta auf die Dauer ertragen könnte. Sie sagte ihm das auch immer wieder, und Jack, weil er seine Frau liebte, erwiderte stets: »Ach, was macht das schon, Kitty, mein Schatz. Wo sollte sie sonst hin? Schließlich gehört sie zur Familie.«

Von dem Tag an, da er volljährig wurde und das Familiengeschäft erbte, hatte Jack immer einen Windhund oder auch zwei besessen. Wie die meisten Halter von Windhunden wartete er geduldig darauf, dass einer einmal besonders gut sein würde. Manchmal gelang es ihm, einen mittelprächtigen Rüden oder eine Hündin zu züchten, doch keiner lief eine auf den lokalen Rennbahnen übliche Rekordzeit, und von überbieten konnte schon gar keine Rede sein. Jack ließ sich nicht entmutigen. Er zog gute Welpen auf und ließ seine Zuchthündinnen von den besten Rüden decken, die für Geld zu haben waren. Jahre hindurch hatte er mal Glück, mal Pech. Die Erfolg versprechendsten Welpen erfüllten nie die Erwartungen, doch mitunter gereichte es ihm zur Genugtuung, wenn ein durchschnittlicher Hund sich selbst übertraf und mal ein Rennen gewann.

Dann aber, als er es am wenigsten erwartete, hatte er eine Rennsaison hindurch eine wahrhaft talentierte Hündin. Ungeschlagen lief sie die ersten fünf Rennen und qualifizierte sich mühelos auch für das Finale in einem wichtigen Sweepstake-Rennen in Ballybunion.

Er hatte sie für das große Ereignis ebenso hingebungsvoll trainiert, wie er es mit allen seinen Lieblingen machte, und sie dankte es ihm, indem sie zum richtigen Zeitpunkt ihre höchste Form erreichte. Sie wurde sogar zur Berühmtheit. Sportjournalisten sagten ihr in landesweit verbreiteten Tageszeitungen und Abendblättern eine glänzende Zukunft voraus. Als echter Hundenarr, der Jack nun einmal war, stieg ihm das nicht zu Kopf. Er hoffte auf den großen Erfolg, posaunte das aber nicht in alle Welt. Die Aussicht auf ein völliges Fiasko war immer gegenwärtig. Wenige Tage vor dem Wettrennen war er versucht, sich von anderen Züchtern aus der Umgebung Ratschläge zu holen, doch sein Tierarzt empfahl ihm, sich ganz auf das Naturtalent seiner Hündin zu verlassen. Am Morgen des großen Ereignisses brachte Jack seinen Wagen in die Werkstatt, ließ ihn durchsehen, abschmieren und waschen. Auf dem Weg nach Hause standen Freunde und Nachbarn in den Türen und wünschten ihm Glück für den Abend. Er grüßte zurück und dankte allen. Ihr Mitfiebern bürdete ihm gleichzeitig eine neue Verantwortung auf. Von dem naturgegebenem Fatalismus, der allen Windhund-Liebhabern eigen ist, war auch er ergriffen; doch das jetzt war etwas anderes: Seine Mitbürger hatten ihn mit der zentnerschweren Aufgabe betraut, das Ansehen der Stadt zu mehren. Viele von ihnen würden sich am Nachmittag auf die Reise machen, um am Abend die Hündin mit ihren Begeisterungsrufen zum Sieg anzufeuern, und Jack war gewissermaßen der Mannschaftskapitän. Er war die Speerspitze der Stürmer.

In der Küche zu Hause küsste er seine Frau zum Abschied. Sie hielt ihn länger umschlungen, als sie es normalerweise tat. War ihr doch bewusst, dass ihm einer der wichtigsten Momente in seinem Leben bevorstand. Schließlich löste sie sich von ihm und zog aus den Falten ihrer Geldbörse ein kleines Fläschchen. Es war noch halb mit dem geweihten Wasser gefüllt, das ihr ein fürsorglicher Nachbar aus Lourdes mitgebracht hatte. Sie benetzte die Fingerspitzen mit ein paar Tropfen und strich ihm das Kreuzzeichen auf die Stirn. Mit dem Rest des Wassers besprenkelte sie die Hündin. Just in dem Augenblick kam Margaretta dazu. Wie Jack nicht anders erwartete, brachte sie es nicht über sich, ihm Glück für die große Unternehmung zu wünschen. Das lag einfach nicht in ihrer Natur.

»Irgendwann heut Nacht bin ich zurück«, sagte er seiner Frau, »und wenn nicht, dann eben morgen früh.«

»Das Lied kennen wir doch alle«, stichelte die Schwägerin, ohne einen der beiden anzusehen.

»Schön, wenn du es kennst«, erwiderte Kitty. »Willst du dich nicht lieber aufraffen und ihm Glück wünschen?«

»Glück ist eine Gnade Gottes«, warf Margaretta schnippisch hin. Jack verzichtete auf Rede und Gegenrede.

»Sprich mit Timmy Kelliher, er soll die anderen Hunde ausführen«, sagte er zu seiner Frau. »Ich lasse morgen Abend dafür was springen.«

Ohne ein weiteres Wort nahm er seine Hündin und ging. Die Kissen hatte er bereits vom Rücksitz des

Wagens geräumt, und auf dem Boden hatte er eine ordentliche Lage Stroh ausgebreitet.

»Wir werden heute Abend allen zeigen, wo's lang geht«, raunte er dem hellwachen Windspiel zu und fuhr los. Segenswünsche und Händewinken nahm er diesmal nicht wahr. In der Küche aber gerieten sich die Schwestern in die Haare, kaum dass er sie verlassen hatte.

»Weiß Gott, wann wir ihn wiedersehen«, legte Margaretta los, »das kann Tage dauern, vielleicht auch Wochen. Tät mich nicht wundern, wenn er sich in den Schädel setzt, überhaupt nicht mehr zurückzukommen. Ich würde ihm das zutrauen, wo er jetzt erst mal unterwegs und von zu Hause weg ist.«

»Wenn er sagt, er ist heute Nacht wieder da, dann ist er's auch«, erwiderte Kitty gereizt.

»Das sagst du«, entgegnete Margaretta, »aber ich glaube das erst, wenn ich ihn wieder vor mir sehe.«

»Was geht das dich überhaupt an«, fiel ihr Kitty ins Wort. »Er ist der Herr hier im Hause, und ich möchte wissen, woher du dir das Recht nimmst, ihn zu kritisieren.«

»Du brauchst mich nicht zu erinnern, wer hier der Boss ist«, fauchte Margaretta. »Ich weiß, dass ich zu kuschen hab. Oft genug hab ich das zu hören gekriegt.«

Und so stritten sie noch eine Weile, bis es beiden leid war. Geeinigt hatten sie sich nicht, und immer lauerte die Gefahr, dass sie von Neuem loslegten.

Auf der Rennbahn in Ballybunion ging es hoch her. Das Hauptereignis des Abends, das Entscheidungsrennen, hatte wettlustige Zuschauer in Massen angelockt. Über die Hündin wurde aufs Abenteuerlichste spekuliert, doch als Jacks Freunde und Nachbarn allmählich eintrafen, sanken die Wetterwartungen aufs Normale. Schließlich wurde sie als sicherer Favorit der fünf zu vier Wetten eingestuft. Jack hatte das Glück, auf sie eine Vierer-Wette abzuschließen, sobald die möglichen Einsätze auf der Anzeigetafel erschienen. Er setzte fünfundzwanzig Pfund, konnte also hundert Pfund erwarten und dazu den Zweihundertfünfzig-Pfund-Bonus, sollte seine Hündin als Erste die Ziellinie überqueren.

Wie vor allen Großereignissen wurde es totenstill, als die sechs Greyhounds für den Endlauf in ihre Startboxen gebracht wurden. In dem Moment, da der Hase an den Sperrgittern vorbeiflitzte, stieg die Spannung. Begleitet von lauten Zurufen stürzten die Hunde los. Jeder, der auf einen der sechs laufenden Hunde gesetzt hatte, feuerte seinen Favoriten aus Leibeskräften an. Jacks Hündin kam gut aus der Startbox weg und war Zweite, als das Feld um die erste Kurve kam.

Bei der zweiten Biegung war sie Dritte und hielt den Platz auch in der dritten Kurve. Sobald die Hunde in die Zielgerade einliefen, schwoll das Gebrüll der Zuschauer an, das Gekreisch der Frauen aber übertönte alles. Nun zeigte Jacks Hündin ihr wahres Talent. Sie erspähte eine Lücke im Läuferfeld nahe der Umzäunung, schoss wie ein Blitz dort hinein und lag von da an immer vorn. Sie gewann mit traumhaftem Vorsprung.

Von allen Seiten schlugen die Gratulanten Jack auf die Schulter oder knufften ihm in die Seite. Man drängelte sich, um ihm die Hand zu schütteln. Jack sagte fast nichts dazu, wiederholte nur immer den einen Satz: »Hab ich's nicht gesagt! Na, hab ich's nicht gesagt!«

Und dabei blieb er, bis alle seine Bewunderer abzogen, um sich ihr Geld von den Buchmachern zu holen.

Eine Stunde nach dem Rennen war Jack in einer Ecke in der Lounge des Pubs eingekeilt, umringt von seinen zahlreichen Freunden. Ihm zu Füßen saß die Hündin. Unter seinem Stuhl stand die Siegestrophäe, ein massiver Silberpokal, um dessen Außenseite sechs eingravierte Windhunde herumliefen. In der Brieftasche steckten der Gewinn, den er vom Buchmacher kassiert hatte, und natürlich auch der Scheck über zweihundertfünfzig Pfund, der Bonus auf seinen Wetteinsatz. Ein ums andere Mal wurden die Gläser mit Brandy und Champagner gefüllt.

Jack Murphy fühlte sich pudelwohl. So großartig hatte er sich noch nie gefühlt. Er tauchte die Finger in sein Glas Whiskey und rieb sie der Hündin ums Maul. Sie hob den Kopf, schaute mit weit geöffneten Augen in all die fremden Gesichter und erntete lautstarkes Lob.

»Habe ich's euch nicht gesagt«, frohlockte Jack Murphy. »Na, hab ich's nicht gesagt.«

Ein großer, sich aufrecht haltender Mann kam in die Lounge. Sofort wurde es still, man nickte ihm respektvoll zu und drückte sich beiseite, als er auf Jack und das vor ihm sitzende Windspiel zuschritt.

Es war Mister McKechnick, der englische Aufkäufer. Auf irischen Windhund-Rennbahnen war er ebenso bekannt wie auf englischen. Ihm ging der Ruf voraus, ein grundehrlicher Geschäftsmann zu sein, und demzufolge bewunderte man ihn und begegnete ihm mit Ehrerbietung. Als Aufkäufer hatte er einen guten Namen. Nie wäre er auf Schnäppchen aus, hieß es. Für einen Hund zahlte er stets, was er wirklich wert war, nicht mehr und nicht weniger.

Er gab dem Barkeeper einen Wink.

»Einen Drink für alle, auf meine Kosten«, verkündete er. Als die Bestellung ausgeführt war, tranken alle auf seine Gesundheit. Dann erhob sich Jack Murphy von seinem Sitz. Er schwankte ein wenig, war aber keineswegs betrunken.

»Schenk noch mal nach«, rief er dem Barkeeper zu.

»Sie haben da eine erstklassige Hündin, Sir«, beglückwünschte ihn McKechnick.

»Besten Dank, Sir«, erwiderte Jack. Die beiden Männer unterhielten sich eine Weile zwanglos, während dessen sich diejenigen, die in Hörweite saßen, achtungsvoll zurückzogen. Geschäft war Geschäft, und niemand wollte einem fairen Handel im Wege sein.

»Was meinen Sie, wie viel ist sie wert?«, brachte McKechnick das Gespräch auf den Punkt.

»Das kommt mir etwas plötzlich«, antwortete Jack. »Darüber müsste ich eine Weile nachdenken.«

»Versuchen Sie es doch einmal mit einer Schätzung«, drängte ihn McKechnick.

Jack schürzte die Lippen und kratzte sich am Kopf. Er schaute auf die Hündin und schaute auf den Aufkäufer. Dann ging sein Blick zum Fußboden und von dort zur Decke. Schließlich blickte er in die ernsten, erwartungsvollen Gesichter rundum und war immer noch unschlüssig, einen Preis zu nennen. Dennoch wahr ihm klar, McKechnick war kein bloßer Müßiggänger, sondern war ein Mann, der viel zu tun und wenig Zeit hatte.

»Ich würde meinen, Sir«, äußerte Jack so ernsthaft er nur konnte, »sie ist jeden Penny von zwölfhundert Pfund wert.«

»Was halten Sie von neunhundert?«, fragte der Engländer und lächelte.

»Wenn überhaupt, dann eher elfhundert«, entgegnete Jack ebenfalls lächelnd.

»Glatte Tausend wären wohl mehr angebracht, finden Sie nicht?«, sagte McKechnick und lachte herzlich.

»Auch nicht schlecht«, erwiderte Jack mit einem Lacher.

McKechnick streckte die Hand aus, und Jack schlug ein. Alle in der Menge klatschten Beifall.

»Den Scheck gebe ich Ihnen nachher, wenn sich die Aufregung hier gelegt hat«, flüsterte der Geschäftsmann ihm zu.

Mit einem Kopfnicken bekundete Jack sein Einverständnis. McKechnick winkte einen kleinen Mann mit Lippenbärtchen heran, der an der Tür stand.

»Mein Gehilfe wird sie jetzt in seine Obhut nehmen.«

Ehe die Hündin weggeführt wurde, beugte sich Jack zu ihr, schlang die Arme um sie und sagte mit Tränen in den Augen: »Lebwohl, mein Schätzchen. Lebwohl und viel Glück auf den Weg.«

McKechnick schlug vor, ihn zu seinem Hotel zu begleiten. In der Lounge der Hotelgäste überreichte ihm der Engländer den Scheck. Jack zog eine Zehn-Pfund-Note aus seiner Brieftasche und steckte sie seinem Geschäftspartner in die Jackentasche, als Glückspenny gewissermaßen. Sie begossen das Geschäft mit etlichen Drinks.

»Selbstverständlich sind Sie heute Abend mein Gast«, lud ihn McKechnick ein, und Jack hatte nichts dagegen. Um zwölf kündigte der Herr aus England an, er würde sich jetzt zurückziehen. »Ich muss morgen zu den Rennen nach Limerick, und dort möchte ich nicht den ganzen Tag verkatert herumlaufen«, erklärte er.

»Auch ich gedenke dort hinzufahren«, eröffnete ihm Jack, »es ist wirklich das Beste, sich hinzuhauen.«

In Limerick erging es ihnen prächtig. An beiden Renntagen hatten sie auf mehrere Sieger gesetzt. McKechnick verfügte über ausgezeichnete Verbindungen, und die Informationen, die er auf diesem Wege erhielt, erwiesen sich als höchst wertvoll. Bis weit in die Nacht zogen sie von einem Pub in den nächsten, stimmten in die Rundgesänge ein und schlossen neue Freundschaften. Am letzten Abend waren sie schon ein ganzer Trupp. Zwischen Tanzen und Singen trieb es sie fröhlich um. Eine Flasche Champagner nach der anderen wurde geleert. Um Mitternacht gab McKechnick bekannt, er würde sich zur Ruhe begeben, und führte als Begründung an, schon frühzeitig zu den Curragh-Pferderennen aufbrechen zu wollen. Er fragte Jack, ob er vielleicht Lust hätte, ihn zu begleiten, und der stimmte spontan zu.

Am nächsten Morgen machte sich eine ansehnliche Schar von Limerick auf den Weg nach Curragh. Jack stieg bei McKechnick ein, und zu den Mitreisenden gehörten eine Lady mit Adelstitel, die mehrere Rennpferde besaß, ein Buchmacher und zwei alleinstehende Damen mittleren Alters, Freundinnen der Lady.

Das Glück blieb ihnen auch bei den Curragh-Rennen hold. Bezüglich des Alkoholkonsums am Tage hielten sie sich an eine goldene Regel: Vor halb sechs am Nachmittag durfte kein Tropfen Alkohol angerührt werden. McKechnick vertrat die Theorie, dass Wetten und Trinken nicht Hand in Hand gingen. Sie setzten ihre Wetten bei vier Rennen und gewannen drei davon.

McKechnick erklärte mehr als einmal, dass Jack ihr Glücksbringer war. Um halb sechs begaben sie sich zur Bar an der Haupttribüne und genehmigten sich etliche Gin Tonics. Schon nach einer Stunde herrschte Hochstimmung.

Um halb sieben telefonierte die adlige Lady mit einem Theater in Dublin und bestellte Karten für die Abendvorstellung eines Stücks, das, wie sie Jack erklärte, in allen Zeitungen am letzten Dienstag günstige Kritiken erhalten hatte. Jack schlief während der gesamten Vorstellung tief und fest, war aber des Lobes voll, nachdem sich der Schlussvorhang gesenkt hatte.

An das, was danach passierte, erinnerte er sich kaum. Über dem Rest des Abends lag ein Dunstschleier. Während der Mahlzeit in einem der besseren Hotels der Stadt verfiel er noch am Tisch in einen Tiefschlaf. Als er erwachte, befand er sich in einer ihm fremden Umge-

bung. Er lag im Bett in einem hellen, mit Teppich ausgelegten Zimmer. Ein völlig in Weiß gekleidetes Zimmermädchen rüttelte ihn an der Schulter.

»Man hat mich beauftragt, Sie nicht später als halb
zwölf zu wecken, Sir«, informierte ihn das Zimmermädchen.

»Wer hat Sie beauftragt?«, fragte Jack.

»Ihre Freunde, Sir. Es ist Sonntag, und die letzte
Messe beginnt um zwölf. Ich habe Ihnen Tee gebracht.
Ich stelle alles hier hin.«

Sorgsam setzte sie das Tablett mit den Teesachen auf
einem Stuhl neben dem Bett ab. Dann schlich sie leise
aus dem Zimmer. Mühsam hob Jack den Kopf aus den
Kissen. Sich aus dem Bett zu quälen war weit schmerz-
hafter. Langsam kleidete er sich an, überall tat es ihm
weh, als sei sein Körper voller Brüschen und Beulen
und müsste mit äußerstem Feingefühl behandelt werden. Irgendwie tastete er sich die Treppe hinunter und
wankte von dort in die Kirche.

Die Messe verging wie im Traum. Unter Aufbietung
aller Kräfte vermochte er sich am Ende aus der Kirchen-
bank zu erheben. Er schleppte sich zurück ins Hotel,
ging sofort nach oben und legte sich hin. Beim nächsten Erwachen fühlte er sich frisch und munter. Er sammelte seine verstreut umherliegende Kleidung auf und
ging die Taschen durch. Sein Geld war da. Beruhigt
legte er sich wieder ins Bett und war froh, dass man ihn
nicht bestohlen hatte.

Dann dachte er zum ersten Mal seit Tagen an seine
Frau und unweigerlich auch an Margaretta. Er konnte

171

sich ihr schadenfrohes Loszetern richtig ausmalen. Tiefe Reue überkam ihm beim Gedanken an sein geliebtes Weib. Er sah den Gram in ihren Augen, während ihre Schwester sich rechthaberisch aufspielte. An der Zimmertür klopfte es, leise zwar, aber bestimmt.

»Herein!«, rief Jack. Es war das Zimmermädchen, das ihn am Morgen zuvor geweckt hatte. Wieder kam sie mit einem Tablett.

»Was für einen Tag haben wir heute?«, fragte Jack.

»Es ist Montag, Sir.«

»Allmächtiger Gott!«, rief Jack aus. »Können Sie mir auch sagen, wie spät es ist?«

»Es ist acht Uhr früh, Sir.«

Er stöhnte auf und vergrub das Gesicht in den Händen, raufte sich die Haare und stöhnte weiter.

»Fühlen Sie sich nicht wohl? Fehlt Ihnen was, Sir?«, fragte das Mädchen besorgt.

»Am liebsten wäre ich tot«, brachte Jack heraus.

Erst jetzt nahm er das Mädchen richtig wahr. Sie war jung, höchstens achtzehn, und hatte ein sympathisches, Anteil nehmendes Gesicht. Anteilnahme war genau das, was Jack jetzt brauchte, ganz gleich, woher sie kam. Während sie ihm den Tee zubereitete und einschenkte, schilderte er ihr in allen Einzelheiten seine Abenteuer. Sie hörte ihm aufmerksam zu, und als er endete, wiegte sie weise den Kopf.

»Ich würde mich an Ihrer Stelle nicht gar so sehr grämen«, tröstete sie ihn. »Ihr Geld haben Sie ja noch, und das ist schon mal nicht schlecht.«

»Sie haben gut reden«, erwiderte er mit einem Anflug von Sarkasmus. »Aber ich bin es doch, der das ausbaden und sich alles anhören muss.«

»Das Beste, was Sie in Ihrer Lage tun können«, erklärte sie ihm unumwunden, »ist, Ihrer Frau einen Pelzmantel zu kaufen. Ich schwöre, sie wird kein Wort mehr sagen, wenn Sie zu Hause ankommen und einen richtig guten Pelzmantel für sie mithaben.«

»Einen Pelzmantel«, wiederholte er und überlegte sich ihren Vorschlag.

»Wo soll ich auf die Schnelle so einen herkriegen?«

»Ich wüsste da was«, sagte sie ganz aufgeräumt, »um zwölf habe ich eine Stunde Mittagspause. Wenn's Ihnen recht ist, treffen wir uns vor dem Hotel, und ich zeig Ihnen, wo es so was gibt.«

»Nein, wirklich? Das wäre toll, einfach toll.«

Sie hielt Wort und war um zwölf Uhr zur Stelle. Zehn Minuten später waren sie auf der Grafton Street unterwegs. Um halb eins hatten sie zwei Mäntel in die engere Wahl gezogen.

Der eine war ein Bisam zu hundertfünfzig Pfund und der andere Kanadisches Eichhörnchen zu hundertvierzig.

»Hören Sie«, sagte der Verkäufer, ihn ins Vertrauen ziehend, als würde er ihm einen höchst persönlichen Gefallen tun.

»Nehmen Sie doch beide. Sie bezahlen sie jetzt, und wenn Sie damit zu Hause sind, lassen Sie Ihre Frau entscheiden, welcher ihr besser gefällt. Den anderen, den sie nicht möchte, schicken Sie einfach zurück, und wir erstatten Ihnen selbstverständlich den Kaufpreis.«

Das leuchtete ihm ein, war eine exzellente Idee.

»Aber da wäre noch ein Haken«, erklärte Jack Murphy dem Verkäufer. »Meine Frau ist sehr sparsam und achtet sehr genau aufs Geld; vielleicht sind Sie so gut und setzen den Preis etwas herunter.«

»Damit habe ich kein Problem«, versicherte ihm der Verkäufer, griff in eine Schublade und nahm zwei Preisschilder heraus. Auf dem einen stand dreißig und auf dem anderen fünfundzwanzig Pfund. Er heftete das Dreißig-Pfund-Schild an den Bisam und den Anhänger mit der Fünfundzwanzig an den Mantel aus Kanadischem Eichhörnchen. Mit beiden Kartons unter dem Arm ging Jack zum Hotel zurück und verabschiedete sich dankbar von seiner jungen Freundin, wobei er ihr eine Zehn-Pfund-Note in die Hand drückte.

Es war schon ziemlich spät, als er endlich zu Hause ankam. Dass er recht kühl empfangen wurde, muss wohl nicht betont werden. Kein Wort des Willkommens kam seiner Frau über die Lippen, jedenfalls zunächst nicht. Aber dann brachte er die Pakete zum Vorschein. Stolz riss er sie auf und schenkte ihr den Bisammantel. Der andere sei ein Stück zur Ansicht und könnte zurückgeschickt werden, erklärte er dabei.

Seine Frau war entzückt. Sie drückte sich den Mantel an den Körper und streichelte mit der freien Hand immer wieder darüber.

In der Nacht schlief Jack Murphy den Schlaf des Gerechten. Am Morgen brachte ihm seine Frau das Frühstück ans Bett. Sie setzte sich auf die Bettkante und sah ihm beseligt zu, während er aß.

»Ich habe eine gute Nachricht für dich«, sagte sie.

»Nämlich?«, fragte Jack so nebenhin.

»Du brauchst den anderen Mantel nicht zurückzu-schicken. Margaretta meint, für fünfundzwanzig Pfund ist das ein Schnäppchen. Sie will ihn behalten.«

Erhängt

Kein Anblick ist so grotesk und pathetisch zugleich wie der eines Erhängten, zumal er dem menschlichen Verständnis von Ebenmaß so gänzlich widerspricht. Man kann sich keine erbärmlichere Parodie vorstellen. So nimmt es nicht wunder, dass Billy Fitz und John Murphy einige Augenblicke völlig perplex waren, als sie am Deckenbalken in Looneys Schuppen Denny Bruder hängen sahen – die schlaffen Hände und der abgesackte Kopf wirkten nahezu komisch. Als hätte es vorher eine Absprache gegeben, klang von der nahe gelegenen Kirche das Angelusläuten gedämpft herüber.

Billy fasste sich als Erster. Vorsichtig berührte er den baumelnden Fuß, und als nichts geschah, versetzte er ihm einen sachten Schubs. Unversehens fing der Körper langsam an, sich zu drehen. Der erschrockene Aufschrei der Jungen kam wie aus einem Mund, und entsetzt ergriffen beide die Flucht.

Denny Bruder, von Beruf Kfz-Mechaniker, war vor etwa fünf Jahren ins Dorf gekommen. Er hatte sich Looneys Schuppen gemietet und sich binnen kurzer Zeit einen Ruf als versierter Fachmann erworben, der sich blendend mit Autos auskannte. Er war nicht unbedingt ein verdrießlicher Mensch, eher wirkte er niedergeschlagen. Mit Kindern verlor er nie die Geduld, so neugierig sie auch waren. Doch er ging ungern unter

Menschen, meist sah man ihn allein umherstreifen oder ins Kino gehen, wo jeden zweiten Abend ein Film lief.

Anfänglich mied er sogar jede Gastwirtschaft, und auch die Mädchen interessierten ihn nicht. Das wiederum beruhte auf Gegenseitigkeit. Er gehörte nicht gerade zu den attraktivsten Männern. Er war von mittlerer Größe, hatte eine Knollennase und wulstige Lippen. Deshalb wirkte er nicht unbedingt abstoßend, aber er hatte – wie die älteren Frauen im Dorf meinten – ein wenig ansprechendes Gesicht. Doch mit der Zeit gewöhnte man sich in der Gemeinde an sein Erscheinungsbild und akzeptierte ihn.

Allzu lange lebte Denny Bruder noch nicht in der kleinen Ortschaft, als sich Imogen Furey einen Gebrauchtwagen leistete. Imogen war die Frau von Jack Furey, dem Viehhändler. Jack hatte bereits ein Auto, doch Imogen erzählte allen, die es hören wollten, dass er unentwegt auf Viehmärkten im ganzen Land herumkurvte. Im Grunde genommen lief es darauf hinaus, dass sein Auto nie in der Garage stand. Wenn Jack unterwegs war, inspizierte Imogen die weiter draußen liegenden Wiesen und Weiden, zählte das Vieh und kontrollierte, ob eins der Tiere Einzäunungen eingerissen und auf fremdes Gelände vorgedrungen war. Sie scheute dabei weder Wind noch Regen, und da die Koppeln mindestens eine Meile vom Dorf entfernt waren, kam sie oft genug völlig durchnässt nach Hause, zudem empfand sie die Fußwanderungen als Zeitvergeudung. Gründe genug also, um auf einem Auto zu bestehen. Sie hatten zwei Kinder, beides Mädchen, aber die waren auf einer Internatsschule und nur selten daheim.

Das Auto war ein altes Modell, und obwohl es mehr Benzin schluckte, als in den Papieren stand, genügte es Imogens Ansprüchen. Als es eines Abends auf ihrem Rückweg vom Viehzählen streikte, benachrichtigte sie Denny Bruder, der es abschleppte und in seinen Schuppen schaffte. Wie sich herausstellte, war es der Keilriemen, nichts Ernsthaftes. Während Denny den Schaden behob, kam Imogen auf die Idee, er könne den Wagen gleich gänzlich überholen. Er tat es und brachte ihr das Gefährt schon am Spätnachmittag des nächsten Tages zurück. Sie war erstaunt, wie wenig er für seine Arbeit verlangte.

Es entwickelte sich eine Freundschaft, und Denny sorgte fortan für die Fahrtüchtigkeit ihres Autos.

Im Verlaufe des zweiten Jahres investierte Denny Bruder in die Modernisierung seiner Werkstatt. Das kam seinem Geschäft merklich zugute, und schon im dritten Jahr verfügte er über mehr Geld, als er brauchte, und überlegte ernsthaft, wie er es sicher anlegen könnte.

Imogen Furey half ihm bei der Lösung seines Problems. Neidische Nachbarn verbreiteten die Mär, sie wäre eine, die über jeden aber auch alles wüsste. Damit unterstellten sie ihr, dass sie mehr wusste, als ihr guttat. Hinter vorgehaltener Hand hieß es sogar, wenn sie sich mehr um ihre eigenen Angelegenheiten als um die anderer kümmern würde, wäre sie besser dran. Dabei konnte davon gar nicht die Rede sein. Imogen Furey war in jeder Hinsicht eine durchaus erfolgreiche Frau.

Ihr Mann galt als der Begütertste im Dorf. Das Haus verfügte über alle erdenklichen Annehmlichkeiten. Sie ging stets gut gekleidet und gehörte in allen örtlichen Vereinigungen zu den führenden Persönlichkeiten. Die Kinder besuchten eine der besten Internatsschulen des Landes. Aus der Sicht eines Außenstehenden führte sie ein sorgloses Leben, und das brachte natürlich auch Neid und Ärger mit sich.

Als Denny Bruder ihr anvertraute, er wüsste nicht, wohin mit seinem Geld, war sie bereit, sich seines Problems anzunehmen. Aus Erfahrung wusste sie, dass Haus- oder Landbesitz die sicherste Geldanlage waren und dass ein Investieren Profit versprach. Am äußersten Rand des Dorfes gab es ein zweistöckiges Haus in relativ gutem Zustand, das schon seit mehreren Jahren zum Verkauf stand. Bislang hatte sich kein Käufer gefunden, weil der Besitzer einen übermäßig hohen Preis verlangte. Imogen erklärte Denny, sie wäre davon überzeugt, dass es sich lohne, das Haus für die geforderte Summe zu erwerben, und dass angesichts des steigenden Wertes von Grund und Boden der Preis keineswegs zu hoch sei.

Denny kaufte das Haus, kündigte bei seiner Wirtin und zog ein. Monatelang sah man ihn nicht mehr im Dorf. Nach der Arbeit verbrachte er die meiste Zeit im Haus, renovierte die Zimmer, frischte die Paneele auf, restaurierte die Decken und nahm nötige Ausbesserungen vor. Als er innen fertig war, machte er sich über den verwahrlosten Garten her, der an die Straße grenzte. Es war Frühjahr, er pflanzte Bäume und Sträucher und bewies nicht nur dabei außerordentlichen Geschmack. Auch für den Anstrich der Vorderfront des Hauses und der Fensterrahmen wählte er ansprechende und gut aufeinander abgestimmte Farben.

Im späten Frühjahr war er mit allem fertig. Er war mit dem, was er bewerkstelligt hatte, äußerst zufrieden. Jetzt wollte er sich erst mal zurücklehnen und der Dinge harren, die da kommen würden. Den ganzen Sommer über wartete er voller Zuversicht darauf, dass über irgendwelche Kanäle jemand sein Interesse bekunden oder er einen Heiratsantrag bekommen würde. Schließlich war das Haus ein großartiger Köder. Jeder im Dorf bewunderte es, und den Garten nicht minder. Er galt als ein tüchtiger Arbeiter, und was noch mehr zählte, man sah ihn auch arbeiten. Er kleidete sich neu ein und erwarb ein kleines, aber sehr komfortables Auto. Die Sommermonate gingen dahin, und als das erste fallende Laub den Herbst ankündigte, saß er immer noch allein in seinem Haus. Das wunderte ihn. Dass er kein Herzensbrecher war, wusste er, aber schließlich gab es im Dorf auch viele glücklich verheiratete Männer, die weit hässlicher aussahen als er und weniger wohlhabend waren.

Er fing an, sich in den Gastwirtschaften des Dorfes blicken zu lassen. Mehr als ein oder zwei Glas Bier trank er nie. Es kam zu freundschaftlichen Beziehungen zu dem einen oder anderen Mädchen am Ausschank, aber das war auch schon alles. Er ging zum Tanz in den Dorfsaal, manchmal sogar in benachbarte Städte, wenn größere und bekanntere Gruppen dort auftraten. Aber tanzen tat er nie. Er versuchte es mehrfach, doch stets wurden ihm die Mädchen, auf die er ein Auge geworfen hatte, vor der Nase weggeschnappt. Folglich stand er die meiste Zeit zusammen mit anderen Männern hinten im Saal und beobachtete das bunte Treiben nur.

Den Winter empfand er als einen der schlimmsten, den er je erlebt hatte. Er vermisste die Gesellschaft der anderen Untermieter in seinem ehemaligen Quartier und fühlte sich in dem Haus unerträglich einsam. Zu allem Übel erwischte ihn auch noch eine schwere Grippe. Drei Tage lang blieb er ans Bett gefesselt, ehe jemand von seinem Wegbleiben Notiz nahm und nach ihm schaute. Schließlich stand auch seine Freundin Imogen Furey vor der Tür. Mit einem dick umhüllten Kopf blickte er aus einem der obersten Fenster und ließ sie mit heiserer Stimme wissen, dass er krank sei, warf ihr aber auf ihr Drängen hin die Schlüssel hinunter. In weniger als einer halben Stunde war sie mit einem Topf Hühnerbrühe bei ihm. Sie besuchte und versorgte ihn regelmäßig, bis er wieder seine Arbeit aufnehmen konnte.

Als Dank für ihre Hilfsbereitschaft kaufte er ihr zu Weihnachten das teuerste Parfüm, das er erstehen konnte. Man muss es den Fureys lassen, sie wussten einen anständigen Menschen zu schätzen. Auf Jacks Vorschlag hin lud Imogen an einem der Weihnachtsabende Denny zum Dinner ein. Nach dem Essen saß man gemütlich im Wohnzimmer am Kaminfeuer beieinander und trank einen von Imogen zusammengebrauten

Punsch. Die wohlige Wärme, die das Feuer ausstrahlte, und der Whiskey, den er nicht gewöhnt war, lösten Denny die Zunge. Schon bald hatte er seinen ganzen Kummer vor ihnen ausgebreitet, eingestanden, wie einsam er sich fühlte, und über sein Herzeleid geklagt.

Es verfehlte nicht seine Wirkung. Die anfängliche Besorgnis der Fureys ging in Mitleid über. Erst spät in der Nacht fuhr Jack Furey Denny heim. Später im Bett fragte er seine Frau, ob sie einen Rat wüsste, wie Denny zu helfen sei.

»Er ist ein liebenswerter Bursche«, meinte er, »und so, wie der gebaut ist, glaube ich nicht, dass er ein Mädchen hintergehen würde.«

»Er ist kein Romeo«, gab Imogen zu bedenken.

»Romeos sind nicht unbedingt die besten Ehemänner«, wandte Jack ein. Noch ehe er einschlief, versprach seine Frau, sich der Sache anzunehmen.

»Ich werde mir durch den Kopf gehen lassen, wer in Frage käme«, sagte sie nachdenklich. Doch Jack Furey kannte seine Frau.

»Du wirst schon eine Idee haben«, murmelte er zuversichtlich und schlief ein.

Das Frühjahr kam, und Denny pflanzte noch mehr Sträucher und legte Blumenrabatten an. In der Werkstatt war er unermüdlich. Er hatte sich inzwischen weit über das Dorf hinaus einen Namen gemacht, sodass auch Autobesitzer aus den benachbarten Orten zu seinen Kunden zählten. Dann versuchte er sich im Handel mit Gebrauchtwagen und machte sehr bald mehr Gewinn, als er sich je erträumt hatte. Er schaffte sich ein komfortableres Auto an und fuhr mehr damit umher.

Eines Abends, es war Saint Patrick's Day, luden ihn die Fureys zu einer Party ein. Es waren viele Gäste da. Zu ihnen gehörte ein Mädchen aus der weiteren Umgebung. Sie hieß Nora Odell, war Ende zwanzig, hatte kastanienbraunes Haar und sah trotz ihrer Blässe richtig gut aus. Sie war äußerst zurückhaltend, fast verschlossen. Angeblich hatte ihr früher mal ein Landwirt aus einem Nachbardorf übel mitgespielt, aber darauf gab man nicht viel, denn fast jeder wird irgendwann mal sitzengelassen, so oder so, und meist gehören ja zwei dazu.

Gegen Mitternacht versammelte man sich um das Klavier im Wohnzimmer der Fureys. Denny Bruder überraschte die Gäste mit einer schönen Baritonstimme. Der Abend wurde ein Erfolg. Auf Imogens Vorschlag hin fragte Denny Nora Odell, ob sie nicht mal zusammen ausgehen könnten. Sie erklärte sich einverstanden, und man verabredete sich. Leider war es dann ein stürmischer und regnerischer Abend, und es ließ sich nichts Rechtes unternehmen. Also fragte Denny sie, ob er ihr vielleicht sein Haus zeigen könnte. Sie zögerte zunächst, doch er wirkte so ehrlich enttäuscht, dass sie schließlich nachgab.

Nachdem er ihr auch die Schlafzimmer gezeigt hatte, schlug er vor, ein paar Schallplatten zu hören. Im Nu hatte er im Kamin im Wohnzimmer ein Feuer entfacht und Platten mit Strauss-Walzern herausgesucht. Es wurde ein stimmiger Abend, und sie besuchte ihn danach oft.

Einmal lud er sie zum Dinner ein. Er bereitete es selbst zu. Der Hauptgang bestand aus Curryhuhn mit einem Hauch Knoblauch, den sie weniger mochte. Aber abgesehen davon war es ein erstklassiges Mahl. Denny erzählte ihr, dass er in den Schulferien seiner Mutter oft in der Hotelküche geholfen hatte, wo sie den Sommer über arbeitete. Er war ein ausgezeichneter Koch, und sie nahm gern seine Einladungen an, mit ihm zu Hause zu essen. Da er nun ihre Abneigung gegen Knoblauch kannte, verwendete er ihn nie wieder, wenn sie zu ihm zum Essen kam. Die Zeit brachte es mit sich, dass sich Denny Bruder unsterblich in Nora Odell verliebte, doch er verlor nie ein Wort darüber. Er wartete auf den rechten Augenblick und die passende Gelegenheit. Der Sommer kam, und sonntags fuhren sie mit dem Auto an die Küste. Von Zeit zu Zeit nahm er ihren Vater und ihre Mutter mit. Auch war er selbst inzwischen ein gern gesehener Gast bei den Odells. Die alten Odells mochten ihn, und Noras Brüder achteten ihn. Meilenweit war er der beste Kfz-Mechaniker, und man wusste nie, wann man ihn mal brauchen würde.

An einem schönen Augustsonntag saß das Paar auf einer friedlichen Landspitze im Gras und genoss den Blick auf das Meer. Unter ihnen die leise ansteigende Flut und die silbern glänzende glatte Wasseroberfläche, über ihnen die Sonne am makellos blauen Himmel. Denny Bruder legte einen Arm um Nora Odells Schulter.

»Es wäre zu schön, wenn du mich heiraten würdest«, offenbarte er ihr.

»Wirklich?« Sie drehte sich zu ihm und sah ihm in die Augen.

»Du weißt genau, wie sehr ich das herbeisehne.«

»Küss mich«, forderte sie ihn auf. Er küsste sie ungelenk. Dann nahm sie ihn bei der Hand, und sie gingen hinunter zum Ufer, wo die sanften Wellen gleichmütig ihr Spiel trieben.

»Ich muss es meinen Eltern sagen«, erklärte sie, »und du musst mit meinem Vater sprechen, sozusagen um meine Hand anhalten.«

»Daran soll's nicht liegen«, versicherte er ihr.

»Sie werden sich bestimmt freuen«, meinte sie, als hätte die Heirat für sie schon immer festgestanden.

Denny Bruder war ganz außer sich vor Glück. Ohne die Schuhe auszuziehen lief er bis zu den Knien ins Wasser und schrie es laut hinaus: »Ich heirate! Ich heirate Nora Odell!«

Vierzehn Tage später verlobten sie sich, und man legte das Datum für die Hochzeit fest. Von einer langen Verlobungszeit hielten sie beide nichts, und so einigte man sich auf den ersten Sonnabend im Oktober. Anfang September sollte es jedoch zu einer etwas längeren Trennung kommen. Noras Schwester Bridie, die in Wolverhampton verheiratet war, erwartete ihr drittes Kind und stand kurz vor der Entbindung. Sie bat Nora in einem Brief, zu ihnen zu kommen und während der Zeit ihren Mann und die zwei Kinder zu versorgen.

Denny fuhr Nora nach Rosslare, dem für die Reise günstigsten Hafen. Er küsste sie zum Abschied und wurde sich plötzlich bewusst, wie fürchterlich leer und einsam die Tage ohne sie werden würden. Sie hatte seinem Leben neuen Inhalt gegeben. Er war ein völlig anderer Mensch geworden, seit sie sich kannten. Auch Außenstehende hatten ihm das bestätigt. Sie rechneten damit, dass sie zwei Wochen fort sein würde. Bei ihrer Rückkehr hätte sie dann noch eine Woche, um die Hochzeit vorzubereiten.

Während ihrer Abwesenheit ging Denny jeden zweiten Abend ins Kino. Stets hatte er denselben Platz im Rang. Rein zufällig saß bei einer Vorstellung Angela Fell, die Frau eines Ladenbesitzers im Dorf, neben ihm. Mitten im Film hörte man sie plötzlich »Oh, oh« sagen, bis in die äußerste Ecke im Rang war es zu hören. Sie stand auf und suchte sich einen anderen Platz außen in der hintersten Reihe. Nach der Vorstellung wurden allerlei Vermutungen angestellt. Jeder fand einen anderen Grund für Angela Fells merkwürdiges Verhalten. Die Argumente von denen, die Denny Bruder am nächsten gesessen hatten, schienen am glaubwürdigsten. Ein junger Mann, der seinen Sitzplatz direkt hinter Mrs. Fell gehabt hatte, wollte gesehen haben, dass Denny plötzlich die Hand weggezogen hatte, als sie den Ausruf ausgestoßen hatte. Und auf die Frage, wo genau die Hand gelegen hätte, bevor er sie wegzog, lautete es nur: »Na, was glaubt ihr wohl?«

Natürlich wurde es dahingehend gedeutet, dass Denny Bruders Hand sich auf eine Region von Angela Fells Körper vorgewagt hatte, die unter »Berühren verboten« lief. Einige wollten das einfach nicht glauben, andere glaubten es aufs Wort. Daran, Angela Fell selbst zu fragen, dachte niemand. Keine der Frauen im Dorf hatte eine so scharfe Zunge wie sie und war so wenig zugänglich wie sie.

Nach diesem Vorfall war Denny Bruder ein Gebrandmarkter. Die Leute, die im Rang in seiner Nähe saßen, schauten mehr auf ihn als auf die Leinwand. Denny merkte nicht, dass man ihn beobachtete. Eine Woche verging, und ein junges Mädchen aus der Umgebung kam erst ins Kino, als der Film schon lief. Neben Denny Bruder war ein Platz frei, sie tastete sich dorthin. Die in der Nähe Sitzenden schubsten sich vielsagend an. Nichts geschah. Dann, kurz vor Ende des Films, stand sie auf und ging. Klar, was in den Köpfen der Dorfbewohner ablief.

Die einen hatten Mitleid, die anderen waren empört. Imogen Furey befand sich in einem Dilemma. Schließlich hatte sie Nora Odell mit Denny zusammengebracht und fühlte sich verantwortlich. Eines Abends, als sie schon im Bett lagen, fragte sie Jack, ob er schliefe. Er war mehrere Tage in den westlichen Grafschaften zum Kälberkauf unterwegs gewesen und hatte sich früher als sonst hingelegt. Er war noch wach. Schmerzlich berührt schilderte sie ihm, was sich im Kino abgespielt hatte.

»Was soll ich tun?«, fragte sie ihn.

»Lass es auf sich beruhen«, riet Jack Furey. »Mit der Heirat kommt er wieder zur Vernunft.«

»In gewisser Weise bin ich doch aber verantwortlich.«

Jack schwieg. Er konnte Denny Bruder verstehen. Er hatte noch nicht vergessen, wie einem zumute war, wenn man sich einsam fühlte, wenn einen das Verlangen dermaßen überkam, dass man alles andere vergaß. Und da er ein toleranter Mensch war, fiel es ihm nicht schwer, Nachsicht zu üben.

»Ich habe auch einmal im Kino einem Mädchen ans Knie gefasst«, sagte er betont harmlos.

»Du kanntest sie aber«, erwiderte Imogen.

»Ich glaubte sie zu kennen, dabei war sie nichts wert.«

Imogen tätschelte sein Gesicht. »Die Sache ist nicht spaßig«, meinte sie ernst. »Ich gäbe was drum, sie wär's.«

Sie wälzten das Problem hin und her. Es war schon spät in der Nacht, als auch sie es für das Beste hielt, Schweigen zu bewahren, bis Nora wieder da war. Nora aber bekam kurz vor ihrer Rückkehr zwei anonyme Briefe. Am Tag vor ihrer Abreise ereichte sie ein Telegramm von ihrem älteren Bruder, der ihr ohne weitere Erklärung mitteilte, er würde sie in Rosslare abholen. Bis dahin war sie noch gewillt gewesen, die beiden Briefe nicht weiter ernst zu nehmen.

Eigentlich war verabredet gewesen, dass Denny Bruder sie abholen würde. Wenn ihre Familie es für angebracht hielt, eine andere Lösung zu finden, musste es seinen Grund haben. Beide Brüder erwarteten sie bei ihrer Ankunft. Noch an Ort und Stelle zwangen sie sie, einen Brief an Denny aufzusetzen, in dem sie ihm mitteilte, dass sie es sich anders überlegt hätte. Zwar weigerte sie sich zuerst, das zu tun, aber als die Brüder ihr drohten, sie würden dann selbst mit Denny abrechnen, willigte sie zögernd ein. Lieber hätte sie erst seine Darstellung der Geschichte gehört. Aber Familie war Fami-

lie, und letztlich fiel man immer in deren Schoß zurück. Schweren Herzens redete sie sich ein, richtig zu
handeln. In den darauffolgenden Tagen stand Denny
Bruder mehrfach an der Tür der Odells. Selbst als eines
Abends der ältere Bruder mit einer Schrotflinte in der
Hand die Tür öffnete, gab er nicht auf. Schließlich ver-
prügelten ihn die Brüder.

Danach zog er sich vollkommen zurück. Als die Fureys erfuhren, dass man ihn verprügelt hatte, beschloss
Imogen zu handeln. Jack war schon am frühen Morgen
losgefahren, hatte aber zuvor Imogen geraten, Nora
Odell aufzusuchen.

»Sollte dich einer der beiden Brüder auch nur schief
ansehen, kannst du ihnen sagen, dass sie es mit mir zu
tun bekommen.«

Imogen hatte genickt. Sowie Jack fort war, schrieb sie
eine Einkaufsliste und machte sich gegen Mittag auf
den Weg zum Lebensmittelladen der Fells. Mick Fell
nahm die Liste und überflog wohlgefällig die vielen
Wünsche.

»Ich hätte gern kurz mit Angela gesprochen, derweil
du die Sachen zusammenstellst«, sagte Imogen.

»Selbstverständlich, gern, geh nur gleich durch.«

Ein kleiner Durchgang führte in die Küche. Imogen
strömten Hitzeschwaden entgegen, denn der blank-
geputze Stanley-Herd, der den Raum beherrschte, war
glutheiß. Angela stand über einen kleinen Tisch gebeugt und schnitt Fleisch in Würfel.

»Ich komme hoffentlich nicht allzu ungelegen«, entschuldigte sich Imogen.

Wortlos fegte Angela an ihr vorbei ins Geschäft. Ihr Wutausbruch draußen war auch für Imogen nicht zu überhören. »Ich hatte dir doch gesagt, dass ich niemanden sehen will, wenn ich arbeite. Kannst du dämlicher Schwachkopf dich nicht danach richten?«

»Sieh doch aber mal, was sie alles auf ihrer Liste hat«, verteidigte sich Mick Fell kleinlaut.

»Von mir aus kann sie sich dir sogar an den Hals schmeißen«, tobte Angela. »Ich kann es nicht ausstehen, wenn mir Leute in dem Höllenloch auf den Pelz rücken.«

Sie kam zurück, stemmte die Hände in die Hüften und fragte Imogen: »Was willst du von mir?«

»Nur das eine: Was hat dir Denny Bruder im Kino getan?«

»Das geht dich 'nen Dreck an«, zischte Angela.

»Seine Hoffnungen auf eine Heirat sind am Boden zerstört«, erwiderte Imogen. »Sag mir, was wirklich geschehen ist. Du hast mein Wort, ich behalte es für mich.«

»Scher dich hier raus«, drohte Angela und ging einen Schritt auf sie zu. Imogen wich nicht von der Stelle.

»Ich verlasse die Küche nicht eher, als bis du mir erzählst, was vorgefallen ist«, erklärte sie. »Von dem, was du mir sagst, hängt das Schicksal eines Menschen ab. Du bist genauso gut eine Mutter wie ich. Und als solche frage ich dich, ob dich Denny Bruder an dem Abend damals im Kino in irgendeiner Weise belästigt hat. Wenn er sich nichts hat zu Schulden kommen lassen, ist es deine verdammte Pflicht, das öffentlich zu bekennen.

Wenn aber doch, dann sag es, und ich bin sofort hier raus.«

»Ich habe dir nichts zu sagen. Bitte, geh.«

Imogen war im Begriff, ihrer Aufforderung zu folgen, drehte sich aber noch einmal um und schaute Angela durchdringend an.

»Sollte die Sache vor Gericht gebracht werden, und das kann gut sein, dann kommst du nicht so leicht davon.«

Aus Angelas Gesicht schwanden Hochmut und Trotz. »Vor Gericht«, murmelte sie erschrocken.

»Ja, vor Gericht.« Imogen spürte, dass sie an Boden gewann. »Dort werden Leute zur Rede gestellt, die einen anderen Menschen zugrunde richten.«

»Ich habe niemanden zugrunde gerichtet. Ich habe nie ein böses Wort über den Mann verloren.«

»Das mag schon sein. Du hast aber auch nie ein gutes Wort für ihn eingelegt.«

Sie standen sich gegenüber, Auge in Auge. Aus dem Laden klangen Stimmen von Kunden herein. Mick Fell machte eine spaßige Bemerkung. Man lachte. Angela ging zum Tisch und nahm wieder ihre Arbeit auf. »Er hat mir nichts getan«, sagte sie über die Schulter hinweg. »Ich bin aufgestanden, weil er nach Knoblauch roch. Und als er dann aufstieß, ertrug ich es nicht länger und wechselte den Platz.«

»Das hättest du auch früher sagen können«, stellte Imogen vorwurfsvoll fest, ging in den Laden und nahm die gefüllten Einkaufsbeutel. Noch am Nachmittag würde sie zu den Odells gehen. Erst aber wollte sie

Denny Bruder aufsuchen. Es war nicht das erste Mal, dass sie über die unnatürliche Zurückhaltung von Frauen wie Angela Fell den Kopf schüttelte. Unwillkürlich überlief sie ein Schauder, als sie sich ausmalte, zu was für einem bösen Ende das beharrliche Schweigen solcher Menschen führen konnte.

Als sie über die Straße zu ihrem Haus ging, erklang das Angelusläuten zum Mittagsgebet. Wie andere auch, die unterwegs waren, bekreuzigte sie sich. Zwischen den Glockenschlägen hörte man Kinder gellend aufschreien.

Curriculum Vitae

Nie würde Fred Spellacy das Weihnachtsfest vergessen, das er als Ausgestoßener verbrachte, und das nicht wegen der trüben Gedanken und der Einsamkeit oder wegen der Beschimpfungen, die er zu erdulden hatte. Nein, er musste immer daran denken, dass ihn damals eine bislang nie erlebte Entschlussfreude gepackt hatte und dass er sich seitdem leichter und freier fühlte.

Fred Spellacy glaubte an Weihnachten. Schon als Junge und auch später als Erwachsener hatte ihn das Fest mit einem Hochgefühl erfüllt, und dafür war er dankbar. In den letzten Jahren hatte er die Weihnachtszeit zwar weniger froh verbracht, aber seinen Glauben hatte er sich bewahrt, denn er war fest davon überzeugt, dass das Christkind ihn nie wirklich im Stich lassen würde.

»Aushilfs-Briefträger gesucht.« Die Anzeige hing nicht eben auffällig im Fenster der Poststelle, dennoch fiel sie Dolly Hallon ins Auge. Briefträger sind nette Leute, dachte Dolly, die sind freundlich und werden, was noch wichtiger ist, von allen geachtet. Vor ihrem geistigen Auge sah sie ihren Vater mit dem Postsack über der Schulter und der keck aufgesetzten Briefträgermütze die Straße hinuntergehen und jeden mit einem Lächeln grüßen, der ihm unterwegs begegnete.

Wenn je ein Postmeister, egal ob von einem Neben-

oder sonstigen Amt, diesem Ehrfurcht gebietenden Titel nicht entsprach, dann war das Fred Spellacy. Er war geradezu die Verkörperung von Nachgiebigkeit und Rücksichtnahme, gewissermaßen der Fußabtreter für alle und jeden. Ging etwas schief, machten ihn seine Vorgesetzten zum Sündenbock, seine Kunden ließen ihren Ärger an ihm aus, seine Frau beschimpfte ihn, und die angeheirateten Verwandten schalten ihn. Miss Finnerty, seine Postgehilfin, gackerte jedes Mal vorwurfsvoll wie eine Henne, die man beim Eierlegen stört, und all ihr Gegackere galt immer nur Fred. Niemals hätte sie so etwas gegenüber Freds Frau gewagt, aber bei der muckte auch sonst niemand auf.

»Nun, mein Kind?«, fragte Fred Spellacy sanft.

»Es ist wegen der Briefträgerstelle, Sir.«

Fred Spellacy nickte, und das blasse, treuherzige Gesicht und die abgetragenen Sachen prägten sich ihm ein.

»Wie alt bist du denn?«, erkundigte er sich wohlwollend.

»Elf«, erwiderte sie, »aber es ist nicht für mich. Ich frag wegen meinem Vater.«

»Ach, so!«, sagte Fred Spellacy.

Dolly Hallon glaubte ein Lächeln auf seinem Gesicht zu sehen und probierte ebenfalls ein Lächeln, man konnte ja nie wissen.

»Wie heißt er denn, wie alt ist er und wo wohnt er, mein Kind?«

»Er heißt Tom Hallon«, sagte Dolly Hallon rasch, »siebenunddreißig Jahre ist er alt, und in der Hog Lane wohnt er.«

Fred Spellacy kritzelte die Angaben auf einen Notizblock, der an einer Schnur neben dem Schalter hing. Tom Hallon kannte er recht gut. Das war keiner von den Tagedieben, hatte in der Fabrik gearbeitet, bis die zumachte. Ihm fiel auch ein, dass die Hallons im Ort als anständige, ehrliche Leute galten. Ehrlich und anständig! Manch einer hatte gar keine andere Wahl, als ehrlich zu sein, und anderen wieder gab man gar nicht erst die Gelegenheit, unehrlich zu sein.

»Kann er lesen und schreiben?«

»O ja«, versicherte ihm Dolly. »Er liest jeden Tag die Zeitung, wenn Mr. Draper von nebenan damit durch ist. Schreiben kann er auch! Er schreibt an seine Schwester in Amerika.«

»Und wie ist das mit Irisch, kann er Irisch?«

»Na gewiss«, äußerte sich die Elfjährige im Brustton der Überzeugung. »Er liest doch immer meine Schulbücher. Was soll er auch sonst mit seiner Zeit anfangen.«

»Also, Miss Hallon, Folgendes muss der Vater machen. Er muss sich um die Stelle bewerben und eine Empfehlung von jemand Wichtigem beilegen, vom Gemeindepfarrer vielleicht oder einem der Lehrer. Ein Curriculum vitae mit Angaben zum beruflichen Werdegang wird er wohl nicht haben!«

»Was ist denn das?«, fragte Dolly Hallon, die ihre Hoffnungen plötzlich schwinden sah.

»Die Arbeitsstellen, die er bisher hatte, seine Qualifikationen ...«

Fred Spellacy schwieg und suchte nach Worten, um

einfach zu erklären, welche Voraussetzungen man für die freie Stelle haben musste.

»Bring ihn dazu aufzuschreiben, was er gut kann, und es muss schnell gehen. Die Stelle muss morgen Mittag besetzt sein. Weihnachten steht vor der Tür, und die Post häuft sich zu Bergen.«

Dolly Hallon nickte zum Zeichen, dass sie alles verstanden hatte, und eilte nach Hause.

Fred fühlte sich wie zerschlagen. Diese Mattigkeit kam nicht etwa daher, weil sein Dienst zu aufreibend war, vielmehr zermürbten ihn die ständige Inanspruchnahme durch seine Frau und die zahllosen Empfehlungen, mit denen man ihn bedrängte, die freie Stelle mit diesem oder jenem Anwärter zu besetzen. Die Spellacys hatten keine Kinder, aber Freds Frau Alannah sorgte dafür, dass keine Langweile aufkam. Immer war sie in der Offensive, und er brachte es nie fertig, sich zu wehren.

Am Vormittag hatte er schon unklugerweise einem der beiden Parlamentsabgeordneten des Wahlkreises versprochen, dass er sich für dessen Kandidaten einsetzen würde, so gut er konnte. Wenig später klingelte das Telefon, und der andere Abgeordnete war dran. Fred blieb nichts anderes übrig, als dem dasselbe zu versprechen.

»Und vergessen Sie nicht, wem Sie die Postmeisterstelle eigentlich zu verdanken haben«, hatte der Letztere ihn gemahnt.

Es kam noch schlimmer. Die Oberin des hiesigen Klosters suchte ihn auf und legte ihm wortreich nahe, ja nicht ihren Schützling zu übergehen. Der sei ein wahres

Muster an Unbescholtenheit, versicherte sie ihm, und der frömmste Katholik der ganzen Gemeinde. Kaum war sie fort, stellten sich weitere Männer von Einfluss und Ansehen ein: Ladenbesitzer, Lehrer und sogar einer von der irischen Polizei. Verzweifelte Arbeitsuchende, die vor nichts zurückschreckten, um sich die Stelle zu sichern, hatten sie beschwatzt, sich für sie zu verwenden. Sogar der Pub nebenan, der sonst als heiligste Freistatt galt, war nicht verschont geblieben. Der Wirt, der eigentlich immer gesellig und großmütig war, hatte ihm erst einen doppelten Power's Gold Label Whiskey eingeschenkt und dann auf ihn eingeredet, doch auch an einen seiner Stammgäste zu denken, das sei ein Mann von untadeligem Charakter und unvergleichlicher Aufrichtigkeit, unheimlich gebildet und zu alledem noch einer von den Freischärlern im Unabhängigkeitskampf.

»Komm bitte rein!« Wie gereizt seine Frau war, ließ sich unschwer aus ihrer Stimme heraushören. Sie wies auf einen Stuhl in der winzigen Küche.

»Setz dich mal hin, mein Junge!« Während sie sich eine Zigarette anzündete, wandte sie ihm den Rücken zu. Ihn mit Verachtung strafend, blies sie den Rauch aus und genoss die Qualmwolken, die aus beiden Nasenlöchern quollen wie aus den Nüstern eines Drachens.

Fred saß mit gebeugtem Kopf da, die Unterwürfigkeit in Person. Er wagte nicht einmal, ein Bein übers andere zu schlagen. Er traute sich auch nicht, ihr zu sagen, dass Kunden draußen warteten und die Schlange vor dem Schalter immer länger wurde. Er wusste, ein

Wort von ihm genügte, und sie würde ihn mit einer Schimpfkanonade eindecken.

»Melody O'Dea«, eröffnete sie die Verhandlung, »ist eine meiner besten Freundinnen.«

Aus ihrer Tonart mochte man schließen, der verängstigte Mann ihr gegenüber hätte vor, bei der nächstbesten Gelegenheit die betreffende Frau grässlich zu misshandeln.

Sie zog erneut an der Zigarette, worauf sie einen Hustenanfall bekam. Strafend blickte sie Fred an, als sei er daran schuld.

»Der Mann von ihrer Reinemachefrau, der Mick, hat seit drei Jahren schon keine Arbeit mehr.«

In einem Ton, der keinen Widerspruch duldete, fuhr Alannah Spellacy fort: »Und deshalb wirst du dafür sorgen, dass er den Job kriegt.«

Damit stand sie auf, hielt die Zigarette zwischen den Lippen und warf sich den Mantel über.

»Ich gehe jetzt«, verkündete sie triumphierend, »und vermelde Melody die frohe Botschaft.«

Als Tom Hallon sich am nächsten Tag mittags zur Arbeit in der Poststelle meldete, war Alannah Spellacy dermaßen fassungslos, dass es ihr die Sprache verschlug. Als Tom Hallon dann sogar die Briefträgermütze aufsetzte, die ihm bestimmt eine Nummer zu groß war, brach sie vollends zusammen. Ihr Mann und Miss Finnerty mussten sie nach oben schaffen und ins Bett bringen, und noch immer fehlten ihr die Worte. Die Weihnachtstage über blieb sie dort liegen. Ihre Stimme aber gewann sie wieder, und die schallte erneut durchs ganze

Haus. Erst kurz nach Weihnachten änderte sie über-
raschenderweise ihren Ton, denn ihr war aufgegangen,
dass die Sanftmütigen nicht länger sanftmütig waren
und man sie wohl oder übel hätscheln musste.

Alannah Spellacy hatte begriffen, dass sie ihren Mann
zum Äußersten getrieben hatte. Auch andere kamen
mit der Zeit zu demselben Schluss. Spät im Leben, aber
nicht zu spät, wandelte sich Fred Spellacy von einer
Marionette zu einem entschiedenen und selbstständiger
handelnden Mann.

Die ganze Nacht vor der Amtsvergabe hatte er sich
mit der Entscheidung gequält. Anfangs glaubte er, dass
es in seinem Interesse läge, den Bewerber einzustellen,
der den einflussreichsten Schirmherrn hinter sich hatte.
Doch heimlich keimte schon seit Jahren in seinem Unterbewusstsein die Saat der Rebellion. Dolly Hallon war
lediglich der auslösende Faktor.

Fred hatte es gründlich satt, sich ständig vorschreiben
zu lassen, was er tun sollte und was nicht. Kurz nachdem Dolly die Tür der Poststelle hinter sich zugemacht
hatte, war die Krise endgültig zum Ausbruch gekommen.

In der Nacht war er alle Bewerber und deren Für und
Wider durchgegangen; vier hatte er dann in die engere
Wahl gezogen. Das waren die Kandidaten der beiden
Abgeordneten, der seiner Frau und der völlige Außen-
seiter Tom Hallon aus der Hog Lane.

Er hatte einmal gelesen, dass die alten Perser nie ein
Urteil fällten, ohne einen zweiten Prozess zu führen.
Den ersten Richterspruch fällten sie im Zustand der

Trunkenheit und den zweiten, wenn sie wieder nüchtern waren. Als er am folgenden Morgen die Poststelle
verließ, stand sein Entscheid im Grunde genommen
fest. Er ging an seinem Stammlokal vorbei und suchte
sich weiter weg in einem ruhigen Pub, der schon bessere Tage gesehen hatte, eine stille Ecke. Nach dem
dritten Whiskey und ein paar Flaschen Starkbier zum
Nachspülen geriet er in den sonderbaren, wenn auch
vorübergehenden Rausch, den nur ein unmäßiger Al-
koholgenuss erzeugt.

Aus der Brusttasche zog er Tom Hallons Lebenslauf
und las ihn noch einmal. Der war auf einem liniierten,
sauber aus einem Schulheft getrennten Blatt geschrieben und war eindeutig das Werk seiner Tochter Dolly.
Die Rechtschreibung war in Ordnung, aber sonst hatte
der Antragsteller nur wenige besondere Fähigkeiten
und Kenntnisse aufzuweisen. Tom hatte immer nur in
der Fabrik gearbeitet und sonst nirgendwo. Die Arbeit
hatte er ohne seine Schuld verloren. Das galt auch für
jeden anderen Arbeitslosen im Umkreis von drei Meilen. Damit hatten dann aber auch die Schicksalsähn-
lichkeiten ein Ende. Dort stand nämlich, dass Tom
Hallon, solange sich Dolly erinnern konnte, immer gut
die Rolle des Weihnachtsmanns gespielt hatte. Die Geschenke, die er brachte, waren in Heimarbeit gebastelt
und handwerklich nicht perfekt, doch jedes Mal hatte
sein Auftritt viel Freude in die Familie der Hallons und
in etliche andere von Armut geplagte Familien in der
Hog Lane gebracht.

»Also wenn ein Tom Hallon den Weihnachtsmann

spielen kann«, sagte sich Fred Spellacy im Selbstge-
spräch, während er gemütlich in der kleinen Kneipe
saß, »dann kann ich das auch. Wenn der Geschenke
austeilen kann, kann ich das genauso gut.«

Er gab sich einen Ruck, stand auf, knöpfte sich den
Mantel zu und leerte sein Glas. Dann ging er unsiche-
ren, aber beherzten Schritts in Richtung Hog Lane, in
der Dolly Hallon wohnte.

Auf das Echo, das ihn erwartete, war er einigermaßen
gefasst gewesen, wenn er es auch nicht in vollem Umfang hatte ermessen können. Die abgeblitzten Bewerber, deren Familien, Freunde und Befürworter machten ihrem Unmut bis zum Christfest reichlich Luft. Sie
ließen Zweifel an seiner Aufrichtigkeit laut werden und
an der Herkunft seiner Ahnen, und das in einer so bös-
willigen Art und mit so unflätigen Ausdrücken, dass er
zum Schluss ihres Gezeters schon nicht mal mehr rot
wurde.

Einer konnte nur mit Gewalt davon abgehalten werden, ihn zu verprügeln, und die Frau eines anderen
Enttäuschten spuckte ihm ins Gesicht. Nur ein einziges
aussöhnendes Vorkommnis ließ ihn dieses Dauerfeuer
an Beschimpfungen und Verunglimpfungen ertragen.
Es blieben noch drei Tage bis Weihnachten. Vor dem
Postschalter hatte sich eine Schlange gebildet, viele der
Anstehenden verhielten sich feindselig, der Rest war
ungeduldig.

Von oben kam das jammervolle Gekreische seiner
widerborstigen Gattin, und wenn das Gejammer auf-
hörte, dann fegte Ladung auf Ladung der bittersten

Vorwürfe und Anschuldigungen die Treppe herunter, die schärfer und stechender waren als der ärgste Hagelsturm. Viel fehlte ihm nicht mehr bis zum Nervenzusammenbruch.

»Ja und?«, fragte er in das leuchtende Gesicht eines kleinen Mädchens hinein, das an der Spitze der immer länger werdenden Schlange stand. Es wollte keine Briefmarken, auch kein Paket aufgeben. Dolly Hallon stand einfach nur da, auf ihrem bleichen Gesicht lag ein engelhaftes, anrührendes Lächeln. Sie sagte kein einziges Wort, doch ihre Dankbarkeit strömte ihm aus dem strahlenden Antlitz entgegen.

Fred Spellacy fühlte sich, als wäre er in die Gemeinschaft der Heiligen aufgenommen. All seine Bekümmernisse schwanden. Sein Herz hüpfte. Sie zwinkerte ihm ruhig und leise zu. Fred musste sein Taschentuch herausziehen und sich laut schnäuzen.

Torfstechen

Das Torfmoor war eine Mischung aus Braun- und Grautönen, grau, wo die Sonne die abgegrabenen Torf- bänke und die am Zufahrtsweg stehenden, missgestal- teten Stapel vom vorvorigen Jahr ausgebleicht hatte. Im Mondlicht wirkte das Grau wie Silber, doch der dunkel- braune Torf blieb düster, selbst wenn die Sterne tanzten und der Himmel in Flammen zu stehen schien. Bei schönem Wetter war das Torfmoor mein Spielgelände. Ich kannte die ausgetretenen Ziegenpfade, die Moor- löcher und die Nester der Wildgänse genauso gut wie die Gassen und Straßen des nahegelegenen Städtchens, in dem ich aufwuchs. Ich wusste, wem die Torfstichfel- der gehörten, und kannte die Namen der Besitzer der Torfstapel. Ich wusste, wie dick die Torfschicht auf je- dem Feld war und wo die Moraststellen glucksten, in denen Esel und Ponys bis zu den Flanken einsanken. Das kam daher, weil ich den größten Teil der Sommer- tage bei zwei schon älteren Verwandten verbrachte, die in einem mit Schilf gedeckten Häuschen am Rande des Torfmoors lebten. Die beiden waren Brüder, und sie wurden Mr. Chamberlain und Sir Stafford Cripps ge- nannt. Das waren natürlich nicht ihre richtigen Na- men, sondern Spitznamen, die die Nachbarn erfunden hatten, weil das Paar den britischen Politikern Neville Chamberlain und Stafford Cripps irgendwie ähnlich sah. Der Zweite Weltkrieg war voll im Gange, als ich Weg und Steg durchs Moor erkundete, und es war gar nichts Absonderliches, dass es in der Umgebung eine ganze Menge Rommels, Montys und McArthurs gab. Die hatten ihren Namen weg, weil sie ständig voraussagten, wie der Krieg ausgehen würde, oder weil sie gewisse Charakteristika an sich hatten, die an die bekannten Generäle erinnerten.

Mr. Chamberlain war der ältere der beiden Brüder. Er war mager wie ein Windhund, kahl wie ein Blesshuhn und so wortkarg, dass man ihn fast für taubstumm hätte halten können. Sir Stafford hingegen war ungemein redselig und kontaktfreudig. Beide bezogen ihre Altersrente. Jeden Freitag spannte Sir Stafford den Esel an und fuhr in die Stadt, um die Rente zu holen. Mr. Chamberlain wollte sich zu derart weltlichen Angelegenheiten nicht herablassen, er begab sich nur am Sonntag in die Stadt zur Messe. Die beiden kamen gut miteinander aus. Mitunter gab es Meinungsverschiedenheiten, aber die waren harmloser Natur. Mir ist ein solcher Anlass erinnerlich. Es war Anfang September. Überall wurde Torf gestochen, und täglich wurden neue Stapel am Zufahrtsweg aufgeschichtet. Die Brüder hatten frühzeitig mit dem Torfstechen begonnen, hatten zwei Lagen Torfsoden zum Trocknen ausgelegt und die Soden immer wieder gewendet. Jetzt standen sie zu Ringeln aufgestellt im Moor auf dem mit Heidekraut bedeckten Torffeld, das die Familie schon seit Generationen mit dem Brennmaterial versorgte. Die Soden mussten dann vom Torfloch an den

Zufahrtsweg geschafft werden, wo sie zu Mieten aufgeschichtet wurden.

Mitte August bis Mitte September war die beste Zeit zum Torftransport. Die Wege zu den Torfbänken waren dann trocken und fest, später wurden sie infolge heftiger Regenfälle unpassierbar. Wenn das geschah, blieb der gestochene Torf bis zum späten Frühjahr des nächsten Jahres im Moor, und die Torfbauern mussten mit den Resten alter Mieten auskommen, oder mitunter auf dem Rücken Säcke voll Soden mühselig aus den stehengebliebenen Ringeln heranschleppen.

»Wir haben noch Zeit«, verkündete Mr. Chamberlain, als wir auf dem Steinwall vor dem Haus saßen.

»Da bin ich anderer Meinung«, entgegnete Sir Stafford.

»Wieso das?«, fragte Mr. Chamberlain, »wenn ich doch sage, wir haben noch Zeit.«

»Weil ich in Hanafins Radio gehört habe, wie der Wettermensch Regen angekündigt hat.«

»Was wissen denn die im Radio schon?«, schnaubte Mr. Chamberlain verächtlich. »Die verstehen doch vom Moor hier nicht mehr als ein Esel.«

»Die wissen 'ne ganze Menge«, beharrte Sir Stafford.

»Es regnet morgen nicht«, stellte Mr. Chamberlain entschieden fest. »Der Wind weht aus der richtigen Richtung, und der bringt Wärme mit, und wenn es warm ist, wird nach allen Regeln die Sonne scheinen, weil der Wind die Wolken vertreibt.«

Um seiner Überzeugung Nachdruck zu verleihen, hob er den Kopf und reckte seine dünne, empfindsame

Nase in den Wind. In der Vogelfluglinie war die See keine fünf Meilen entfernt, und mitunter hing Salzgeruch in der Luft. Stand die Flut hoch, wehte der durchdringende Geruch von Seetang herüber, oft war es auch Fäulnisgestank. Hatte ein Mann genügend Erfahrung und ein gesundes Urteilsvermögen, konnte er riechen, ob es Regen geben und die Wetterfront in den nächsten Stunden vom Meer heranziehen würde.

»Wir kriegen keinen Regen, nicht einen Tropfen!« Mr. Chamberlain erhob sich etwas unsicher und schlenderte die Straße hinunter zum Weg, der zu den Torfbänken führte. Er war während dieses Sommers stärker gealtert als in all den Jahren zuvor, seit ich ihn kannte. Er hielt sich zwar aufrecht, schien aber leicht zu wanken. Seine Schritte verrieten ein Nachlassen der Kräfte.

»Es geht mit ihm bergab«, flüsterte Stafford Cripps. Ich wusste, was das bedeutete. Wenn es mit jemanden bergab ging, hieß das so viel wie, sein Leben geht zu Ende, wenn auch nicht sofort oder allerdemnächst. Erste Anzeichen jedoch waren unverkennbar und nicht mehr rückgängig zu machen.

Später am Abend wurden die Aufgaben verteilt. Ich durfte beim »Herausschaffen« mithelfen und sollte die Fuhren hin- und herlenken. Cripps würde die Soden von den Torfringeln auf den Eselskarren packen. Mr. Chamberlain aber war der Mietenbauer. Er hatte sich auf dem Gebiet einen gewissen Ruf erworben, und ihm eine weniger schwierige Aufgabe zu erteilen, wäre undenkbar gewesen.

Der folgende Tag begann hell und klar. Es gab keinen

oder nur wenig Wind, die Luft war frisch und kühl. Kein Wölkchen zeigte sich am Himmel, und es versprach ein schöner Tag zu werden. Mr. Chamberlain hatte mit seiner Vorhersage recht gehabt. Im Verlaufe des Vormittags stieg die Sonne höher, und es wurde deutlich wärmer. Jedes Mal, wenn ich den Eselskarren hochkantete und eine neue Ladung auskippte, nickte Mr. Chamberlain anerkennend, machte aber noch keine Anstalten, mit dem Aufschichten des Stapels zu beginnen. Er zeigte nur, an welcher Stelle ich den Karren auskippen sollte. Natürlich wusste er genau, wie er vorzugehen hatte. Gleich zu Beginn hatte er die Torfringel gezählt und überschlagen, wie viel Platz er brauchte, um die gesamte Torfausbeute unterzubringen. Mit gleichmäßigen Schritten maß er die Fläche ab, und um auch ganz sicher zu sein, maß er mit Fußlängen noch einmal nach. Auf diese Weise steckte er eine rechteckige Grundfläche ab, die seinen Vorstellungen entsprach. Schon in den Jahren zuvor hatte ich zugesehen, wie er Torfmieten auftürmte. Am ganzen Moor gab es keinen, der bei dieser Arbeit mit mehr Sorgfalt zu Werke ging. Diesmal schien er ganz besonders wählerisch zu sein. Jede Sode wog er in der Hand, und ab und an legte er große, wohlgeformte Torfziegel beiseite. Die würde er später in der Außenschicht verbauen.

Wir arbeiteten emsig den ganzen Vormittag über, derweil die Septembersonne am wolkenlosen Himmel höher stieg. Grad um Grad näherte sie sich dem Zenit, und in dem Maße wuchs auch die Torfmiete. Schließlich legten wir eine Mittagspause ein, die die Brüder aufs Sorgfältigste vorbereitet hatten. Während ich mit einer Fuhre unterwegs war, hatte Mr. Chamberlain eine Feuerstelle für den Wasserkessel gebaut. Der gebogenen Tülle entströmte bereits ein steter Dampfstrahl. In ein weißes Baumwolltuch war ein tüchtiges Stück gekochter Schinken gewickelt, und in einem anderen Tuch verbarg sich mindestens ein Pfund Käse. Auch ein Laib selbstgebackenen Brots war da und ein ordentlicher Batzen Butter. Sobald der Tee genügend gezogen hatte, machten wir uns ans Essen.

Zwischen den Bissen meinte Sir Stafford: »Frische Moorluft ist die beste Würze.«

Ich war zu sehr mit Kauen beschäftigt und blieb lieber still.

»Nichts geht über einfache Hausmannskost«, fuhr Sir Stafford fort. Und so redete er weiter und weiter, bis wir alle genug gegessen und getrunken hatten. Dann lehnten wir uns zurück und ließen es uns gut gehen. Das war der beste Teil des Tages. Andere Männer, die wie wir im Torfstich zu tun hatten, gesellten sich zu uns, und gemeinsam diskutierte man über die neuesten Nachrichten vom Krieg. Der Duft von Heidekraut und Geißblatt überdeckte den Schweißgeruch der Männer. Für mich war es die Stunde, die Schönheit der sonnenbeschienenen Moorlandschaft zu genießen, während die Erwachsenen von irgendwelchen wichtigen Sachen redeten. Immer wieder stiegen Lerchen von ihren Verstecken im Heidekraut auf und drehten ihre Kapriolen. Die Luft war glasklar. Den leichten Frühdunst hatte die wärmende Sonne längst aufgelöst, man konnte sehen, soweit das Auge reichte. Mittlerweile ereiferte man sich über die Stadtbewohner.

»Ich habe gesehen, wie die das machen«, erzählte Sir Stafford. »Die raufen sich erst mal die Haare, weil sie nicht wissen, wie sie die Ringel aufstellen sollen. Halbschuhe haben sie an, als ginge es auf den Tanzboden; und wie die eine Torfschippe anpacken, die bringen sich bald um dabei.«

Für alle unerwartet schaltete sich Mr. Chamberlain ein und bot einen seiner seltenen Beiträge zum Gespräch.

»Ich hab gesehen, wie die ersten Stadtbewohner zum Torfstechen kamen, als der Krieg anfing. In ganzen Scharen sind sie hergekommen, weil die Kohlen knapp wurden. Ich habe ja manches Komische erlebt, aber so etwas wie diese Männer hatte ich noch nie gesehen. Sie hatten Brotscheiben, und dazwischen war Fleisch gepackt. Man konnte richtig sehen, wie das Fleisch am Rand rausquoll. Alles Übrige war von dem Brot darunter und darüber verdeckt. Mich könnte keiner dazubringen, Fleisch zu essen, das ich nicht sehen kann.«

»Das müssen Sandwiches gewesen sein, von denen du da redest«, warf Sir Stafford ein.

»Genau! Genau das war's, so hießen die Dinger.«

Das Gerede zog sich hin. Man sprach von vergangenen Zeiten, als die Männer für ein paar Kupferpennys oder für bloße Versprechungen arbeiteten und sich nachts oft in ihren Betten wälzten, um den Magen zu beschwichtigen, wenn der vor Hunger knurrte. Sie redeten von landlosen Arbeitern und Kleinpächtern, die von Sonnenaufgang bis Sonnenuntergang schufteten und am Ende nichts hatten als krumme Rücken und verrenkte Glieder. Auch von dem unermesslichen Wert, den Bildung hatte, redeten sie, von aus Büchern geschöpftem Wissen. Das sei der einzige Weg, um von der elenden Schinderei wegzukommen, und sie bedauerten, wie wenig sie in ihre Schulbücher geschaut hatten, weil sie in jugendlichem Überschwang nur ihren Spaß hatten haben wollen.

»Heutzutage verdient ein Schulmeister über ein Pfund pro Tag«, sagte einer, »und muss sich dafür nicht mal bücken.«

»Kein Wunder, dass die überkandidelt sind«, kommentierte Sir Stafford, »so viel Geld muss einem ja zu Kopf steigen.«

Anderswo wurde das Schicksal der Welt entschieden. Im weit entfernten Kairo trafen sich Churchill und Roosevelt mit Tschiang Kai-schek. In Süditalien tobten heftige Kämpfe, da die Alliierten landeten und nordwärts vorstießen. Wir aber saßen schläfrig im Windschatten der Torfmiete und waren für den warmen Sonnenschein dankbar. Das Gespräch verebbte, allen wurde klar, dass es an der Zeit war, weiterzuarbeiten. Später würde noch einmal Pause gemacht werden »für den Abendtee«, wie es hieß. Der bestand aus einem Becher Tee und einer Schnitte Brot mit Butter. Viel Zeit gönnte man sich dabei nicht. Man redete zwar miteinander, doch ein richtiges Gespräch kam nicht mehr so recht auf. Ich wurde losgeschickt, den Esel zu suchen. Weit entfernt hatte der sich nicht, denn gleich am Wegesrand wuchs saftiges Gras und wilder Klee. Er ließ sich auch ohne Widerstand einfangen, als wüsste er, dass noch längst nicht Feierabend und es daher sinnlos war, die ihm gesetzlich zustehende Arbeitsunterbrechung zu verlängern. Ich hatte keine Mühe, ihn vor den Karren zu spannen, und schon bald ging die Arbeit im eingespielten Team weiter. Unser Tempo zog jetzt an, als hätten wir uns darauf verständigt, ohne auch nur ein Wort darüber zu verlieren. Jeder arbeitete verbissen vor sich hin, denn wir mussten uns dranhalten, wenn wir bis zum Abend fertig werden wollten. Nach dem »Abendtee« war zu spüren, dass die alten Männer ermüdeten. Mir ging es nicht anders, aber keiner wollte den Eindruck erwecken, dass er es kaum noch mit voller Kraft schaffte. Erbarmungslos wurde ohne jede Verschnaufpause, die auch keiner verlangte, weitergeschuftet. Lange würde es ohnehin nicht mehr dauern, bis der letzte Torfringel an die Straße geschafft war. Zu sehen, wie ihre Zahl abnahm, war richtig ermutigend.

Die Torfmiete nahm jetzt Gestalt an, ihr ganz besonderes Aussehen konnte ihr nur ein Landmann mit viel Erfahrung verleihen. Dazu gehörte mehr als ein am Zeichenbrett entworfener Aufriss. Man brauchte ein instinktives Gespür für die Landschaft, und wie sich die dunklen Umrisse der Torfmiete, ohne störend zu wirken, darin einfügten. Anstatt herauszuragen, passten sie sich in die Moorlandschaft ein, wie ein Flicken in eine Patchworkdecke. Die Kanten, zum Beispiel, verliefen nicht genau parallel zum Straßenrand. Die dem vorherrschenden Wind aus Südwest zugewandte Seite war viel dichter gepackt als die anderen Wände. Immenses Wissen war erforderlich über die launenhaften Böen und die genaue Richtung, aus der diese Winde bliesen, sollte eine Torfmiete den Winterstürmen standhalten. Schließlich und endlich war jeder Stapel, egal wie hoch und mächtig er war, nur so stark wie sein schwächster Punkt. Von Zeit zu Zeit schritt Mr. Chamberlain bedächtig um sein Bauwerk und kontrollierte, ob sich irgendwo Mängel zeigten. Immer wieder ging er auch ein Stück von der Miete weg und prüfte sie mit kritischem Blick aus der Entfernung. Er betrachtete sie aus jedem Blickwinkel und aus jeder Körperhaltung heraus. Manchmal stellte er sich auf die Zehenspitzen oder lag bald darauf auf dem Boden. Er inspizierte sein Werk aus der Hocke, kniete sich sogar mitten auf der Straße hin, um zu prüfen, ob die nach oben strebenden Seiten die richtige Neigung hatten. Nichts blieb dem bloßen Zufall überlassen. So pingelig hatte er sich noch nie angestellt. Gegen Abend wurde er merklich gereizt, doch als die Miete eine gewisse Höhe erreicht hatte, war er wieder friedlich.

Sode um Sode, Fuß um Fuß stieg sie in sanfter Neigung aufwärts, bis auch der letzte Eselskarren auf dem festen Weg entleert war. Am Torfstich erinnerten nur noch eine Staubschicht und winzige Krümel an die dort zum Trocknen aufgestellten Soden. Sir Stafford und ich spannten den Esel aus. Der warf sich sofort auf den Rücken, wälzte sich auf der staubigen Straße und iahte laut. Das trieb er eine Weile, dann sprang er auf, schlug mit den Hinterbeinen aus und galoppierte auf den schmalen Damm, wo ein Riesengrasbüschel ihn lockte. An der Torfmiete wurden letzte Handgriffe vorgenommen. Die Außenschicht war tadellos dicht, man hätte nicht einmal einen Grashalm zwischen die Soden stecken können. Auch Sir Stafford ging um das Bauwerk herum, blieb hie und da stehen und bewunderte eine besonders fehlerlos geschlossene Stelle der Abdeckung. Mr. Chamberlain kletterte auf den Eselskarren, hievte sich von da auf die oberste Schicht der Miete und hockte sich breitbeinig hin. Ich stand unten mit einem Armvoll ausgesuchter Soden. Ab und an streckte er die Hand aus, und ich reichte ihm eine Sode. Die nahm er dann oder wies sie auch zurück, wenn ihm ein anderes Stück in Größe und Form besser geeignet schien. Er übertrieb es mit der Genauigkeit, fand ich damals. Heute weiß ich, dass er eigentlich nichts anderes tat als ein gewissenhafter Handwerker, der Soden und Bruchstücke davon mit der gleichen Sorgfalt auswählt, wie ein Dichter Wörter oder Redewendungen sucht, um seine Gedichte makellos zu vollenden.

Schließlich wurde das fertiggestellte Werk zur Kritik freigegeben. Dabei sollte man daran denken, dass die schärfsten und gerechtesten Kritiker die Winde aus Nordost und Südwest waren. Und die würden nicht lange auf sich warten lassen, um geringste Mängel auszuspähen. Die selbsternannten Kritiker aus dem ganzen Torfstich aber kamen noch am Abend vorbei. Sie waren ja selbst versierte Mietenbauer. Fast alle äußerten sich anerkennend über Mr. Chamberlains Arbeit, abgesehen von ein paar Nörglern, deren eigene Stapel nie und nimmer bei einer gestrengen Überprüfung durchgegangen wären.

»Die Miete wirft so leicht nichts um«, äußerte sich ein weißhaariger Betrachter.

»Von wegen ›wirft so leicht nichts um‹, nie und nimmer wirft die was um«, sagte Sir Stafford Cripps mit Nachdruck.

Die Tage gingen dahin. Der Herbst zog ins Land und wirbelte die buntgefärbten Blätter umher. Unerwartet wie immer brach der Winter herein, und es wurde so rau und kalt, wie man vorhergesagt hatte. Stürme brausten um die Wette und rasten über das Moor. Die Torfmiete aber blieb unerschütterlich und hielt jedem Ansturm der Elemente stand. Nur ihr Erbauer war nicht ganz so widerstandsfähig. Im Januar zog er sich eine heftige Erkältung zu, und da er auf keine Ratschläge hörte und nicht wie ein vernünftiger Kranker im Haus blieb, bekam er eine Lungenentzündung und musste ins Krankenhaus. Er wurde zusehends schwächer, und an einem Frühjahrsmorgen, als die letzten Wildgänse zum Flug nach Norden abhoben, überraschte ihn der Tod im Schlaf. Bald nach Mr. Chamberlains Hinscheiden befiel Sir Stafford die Grippe, doch die Nachbarn, die sich sorgten, er würde wie sein Bruder dahingerafft werden, sahen ständig nach ihm. Mitte März hatte er sich erholt und ging munter wie eh und je umher. Die Torfmiete blieb das ganze Jahr über ohne die mindeste Beeinträchtigung stehen. Sir Stafford kam mit dem alten Torf aus, der noch im Schuppen hinter dem Häuschen lag. Als die Torfstichsaison erneut im Gange war, heuerte er drei junge Männer aus der Umgebung an, damit sie von seiner Torfbank eine stattliche Reihe von Soden aushoben. Die Miete ließ er unberührt, was auch niemand wunderte. Künstlerisch gesehen, war sie das bestgeformte Exemplar ihrer Art an der Zufahrtstraße. So etwas Kunstvolles hatte man seit Generationen nicht gesehen. Während des dritten Jahrs schrumpfte der Stapel etwas infolge des Austrocknens, doch war er so gebaut, dass die Außenschicht makellos glatt blieb, nirgendwo zeigte sich auch nur die geringste Delle. Wind und Wetter hatten dem Torf im Laufe der Zeit das natürliche Braun geraubt, und die ausgeblichene Miete sah aus, als sei sie mit Raureif überzogen. In klaren Nächten, wenn der Mond schien, wirkte sie wie eine gewaltige Rampe aus Silber.

An einem windigen Märzabend zog eine Schar umherwandernder Zigeuner am Torfmoor entlang. Die Gegend sagte ihnen offenbar zu. Das frische Grün an den Stichstraßen bot Futter für ihre Ponys, Pferde und Esel, die selber nicht wählerisch waren und sich auch mit den welken Gräsern vom Vorjahr begnügten. In drei buntbemalten Wohnwagen kam das fahrende Volk daher, umschwärmt von einer Rotte Straßenköter, die aus abenteuerlichsten Mischlingen bestand. Die Karawane zog rasch und ruhig ihrer Wege. Tier und Mensch kämpften gegen die Kälte an. Die Männer, die die Zugpferde führten, hatten blau gefrorene Gesichter, ihnen lief die Nase. Von Zeit zu Zeit pressten sie den Finger gegen einen Nasenflügel und schnaubten krächzend den Schleim aus dem freien Nasenloch. Etwa auf Höhe der Miete sprang ein Schwarm Kinder aus den Wohnwagen und fing an, auf der Straße umherzutollen und zu tanzen. Der Tross zog weiter, und als er vorbei war, blieb eine Miete zurück, die nie wieder wie zuvor aussehen würde. Schwarze Löcher und Aushöhlungen gähnten in der der Straße zugewandten Seite. Sir Stafford hatte kein Auge von den bunten Wagen gelassen, doch die Spiele der Kinder hatten ihn völlig abgelenkt. Aus langer Erfahrung wusste er, dass es zwecklos war, der Karawane hinterherzuhetzen und die Wagen zu durchsuchen, finden würde man nichts. Beim ersten Anzeichen einer Gefahr würden die Leute den Torf unauffällig wegwerfen. Sir Stafford war wütend. Die schöne Miete war jetzt voller Narben und Auswüchse und Regen und Sturm schutzlos ausgesetzt. In wenigen Wochen würde sie zusammenfallen, auch musste man damit rechnen, dass weitere Raubzüge ihr zusetzen würden.

Es wurde Nacht. Weit hinten am Moor loderten die Lagerfeuer. Sir Stafford ahnte, die Fahrenden würden eine Weile dort bleiben, wahrscheinlich sogar bis Ende April. Die Torfmiete hatte nicht die geringste Chance.

In seinen Augen war sie ein Denkmal zu Ehren des verblichenen Mr. Chamberlain. Wohl war er sich dessen bewusst, dass sie wie ihr Schöpfer vergänglich war und eines Tages auf ganz natürliche Art zerfallen und sich in Nichts auflösen würde, doch die unverschämte Verunglimpfung vom Nachmittag hinzunehmen, war er nicht bereit. Er tat, was er tun musste. Zu Hause baute er ein Herdfeuer aus schweren schwarzen Torfsoden auf. Als sie durchgeglüht waren, packte er sie in einen Zinkeimer und ging damit schnurstracks zum Torfstich. Der Wind kam von Ost, war trocken und kühl. Sir Stafford suchte eine geeignete Stelle, zog aus der unteren Lage einige Soden heraus und schob dort die glühenden Torfbrocken hinein. Für die aufkommende Brise war es ein bloßer Liebesdienst, den Rest zu besorgen.

Tod, sei nicht stolz*

Sein Grund und Boden ging Mick Henderson über alles. Ihn zu pflegen und zu erhalten war für ihn oberstes Gesetz. Neiderfüllte Nachbarn, deren eigenes Land verkommen war, weil sie nicht die Energie aufgebracht hatten, es zu beackern, wollten Außenstehende glauben machen, dass er seine Felder mehr liebte als seine Frau und auch mehr als seine ganze Familie. Dem war nicht so. Er hatte seine Frau geliebt, als sie heirateten, und ihre Liebe hatte sie all die Jahre hindurch Freud und Leid gemeinsam tragen lassen. Selbst jetzt, da die rein körperlichen Ehefreuden nur noch eine ferne Erinnerung waren, bewahrten sie ihre Zweisamkeit als höchstes Gut, wie es nur langwährende Zuneigung zu Wege bringt.

Es wäre ihm schwergefallen, anderen zu erklären, warum er von seinen Wiesen und Feldern so besessen war. Seine Frau verstand das, und es gab auch andere im Tal, die wie er fühlten. Das waren meist stille, wortkarge Männer, die durchaus Humor besaßen, und für die es, ohne viel darüber zu reden, selbstverständlich war, dass das Hauptinteresse eines Landwirts der Bodenqualität seines Grundbesitzes galt.

Mick Henderson war siebzig und befand sich in einem Dilemma. Es war schier unmöglich, Arbeitskräfte

---

* Anfang eines Sonetts von John Donne (1571–1631).

zu finden. In den kleineren und größeren Orten der näheren Umgebung schossen Fabriken wie Pilze aus dem Boden. Was an Arbeitskräften in der Grafschaft verfügbar war, hatten sie für sich vereinnahmt. Sogar der Landarbeiter, der immer bei ihm gearbeitet hatte, war ihm wegen der günstigeren Schichtarbeit und der Fünf-Tage-Woche untreu geworden. Eine Fünf-Tage-Woche war für die Landwirte geradezu ein Witz. Sie alle hatten Herden von Milchkühen, die vor allem im Sommer täglich gemolken werden mussten.

Als er einmal versuchte, einen Arbeiter anzuheuern, fragte der Mick, ob er ihn für eine Fünf-Tage-Woche einstellen würde. »Im Winter kannst du gern eine Ein-Tag-Woche haben«, erklärte ihm Mick, »aber solange es noch keine Fünf-Tage-Kuh gibt, kann von Fünf-Tage-Woche keine Rede sein.«

Er war sogar so weit gegangen, freie Sonntage während der Hauptsaison anzubieten und ab und an einen freien Tag bei besonderen Anlässen, doch gegen die Verlockungen der Fabriken war kein Ankommen. Er verringerte die Herde auf ein machbares Maß, doch da gab es Grenzen, denn er steckte immer noch tief in Schulden, hatte er doch drei Söhne und zwei Töchter auf Internatsschulen und Colleges geschickt. Er hatte auch noch einen Sohn, der nach ihm Mikey getauft wurde. Das war das schwarze Schaf in der Familie. Nach einem heftigen Streit, weil er sich weigerte, weiter die Schule zu besuchen, war er mit sechzehn eines Morgens verschwunden. Das war fast zehn Jahre her. Mick Henderson kannte die Adresse seines Sohns in England, wusste, dass es ihm als Vorarbeiter in einer Fabrik in Coventry ziemlich gut ging, und wusste auch, dass Mikey ein schlechtes Gewissen hatte, wenn er mal an die Eltern dachte.

Die anderen Söhne hatten kein Gespür für das Land, es interessierte sie nicht. An seinem siebzigsten Geburtstag war er in die Stadt gefahren, um sich mit seinem ältesten Sohn Maurice, einem Rechtsanwalt, zu beraten. Über eine halbe Stunde hörte Maurice geduldig zu, dann tat er seine Meinung kund.

»Das Sicherste und Vernünftigste, was du machen kannst«, erklärte er sachlich, »verkauf den Hof und zieh her nach Dublin. Und wenn es dir nicht behagt, in der Stadt zu wohnen, hindert dich doch nichts, dir ein hübsches Haus auf dem Lande zu kaufen. Mit dem Geld, das dir der Verkauf von Grund und Boden einbringt, kannst du deine Schulden tilgen, und dir bleibt noch mehr als genug, um sorglos mit Mutter bis ans Ende eurer Tage zu leben.«

Sein zweiter Sohn, Eddie, ein Zahnarzt, war verheiratet und hatte zwei Kinder. Er betrieb eine kleine Praxis in seinem Ein-Familien-Haus in einem Vorort. Es war schon spät, als Tom bei ihm klingelte, und Eddie steckte immer noch bis über beide Ohren in seiner Arbeit. Lange saßen sie an jenem Abend vor dem Kaminfeuer im Wohnzimmer und sprachen über das Land. Eddie und seine Frau waren herzensgute Menschen, doch eine Lösung für Micks Problem hatten sie nicht zu bieten. Auch sie meinten, das Land zu verkaufen sei der beste Ausweg.

Erst der dritte Sohn, Martin, ein von der Stadt besoldeter Beamter, fasste in Worte, was sich eigentlich von selbst anbot. Mick hatte seine liebe Not, das Haus dieses Sohnes im von Wohnparks übersäten Norden der Hauptstadt aufzuspüren. Er hatte sich ein Taxi genommen, und sie fuhren Reihe um Reihe die neugebauten zweistöckigen Häuschen ab. Nachdem sie einige Male angehalten und sich erkundigt hatten, fanden sie endlich die Siedlung und nach weiterem Suchen sogar das Haus. Es stand inmitten hunderter Wohnhäuser, die sich ähnelten wie ein Ei dem anderen.

»Wie, um Himmels willen, kann man hier bloß wohnen?«, hatte er Martin und seine Frau undiplomatisch begrüßt, als sie die Tür öffneten.

»Man gewöhnt sich daran«, hatte Martin gesagt und sich gefreut, den Vater so verwirrt zu sehen.

Nach dem Schrecken des ersten Eindrucks war er vom Inneren des Hauses angenehm überrascht. Es war viel geräumiger, als er erwartet hatte.

»Euer Heim ist ja so was von gemütlich«, stellte er ganz versöhnt fest.

»Und vor allen Dingen wohnen wir nur ein paar hundert Meter von der Schule«, erklärte Martins Frau.

Nach dem üblichen Vorgeplänkel über Wetter und sonstigen Alltagskram kam Mick auf sein eigentliches Anliegen zu sprechen. Martin und seine Frau hörten ihm voller Anteilnahme zu, während er von den neuen Fabriken redete und davon, dass Arbeitskräfte so knapp waren.

»Verkaufen will ich den Hof auf gar keinen Fall«, sagte er zum Schluss.

»Dann wäre es doch nur logisch, dass du Mikey aus Coventry zurückholst«, schlug Martin vor.

»Wird er denn zurückkommen wollen?«, fragte Mick.

»Daran zweifle ich keinen Moment«, versicherte ihm Martin.

Mick Henderson dachte eine Weile nach. Im Grunde genommen hatte er den Gedanken schon immer im Hinterkopf gehabt. Was er brauchte, war jemand, der das dem Sohn in England schmackhaft machte. Er selber würde da wenig Glück haben. Aber Martin und Mikey standen sich als Brüder sehr nahe, trotz der Entfernung, die sie jetzt trennte. Altersmäßig waren sie ja auch kaum ein Jahr auseinander. Martin würde es am ehesten gelingen, den jüngeren Bruder zu überzeugen. Mick Henderson beschloss, vorzupirschen und zu erkunden, welche Trümpfe Martin in der Hand hatte.

»Das ist ja alles gut und schön«, meinte er und tat wenig beeindruckt, »aber hat er auch das richtige Gespür für das Land?«

»Wer, wenn nicht er?«, warf Martin ein, »ist doch schließlich dein Sohn.«

»Du bist auch mein Sohn, und dir geht das Gespür dafür ab. Maurice und Eddie haben es ebenfalls nicht.«

»Schau mal«, legte sich Martin ins Zeug, »Mikey ist anders als wir alle. In der Schule kam er nur mit Ach und Krach durch, aber er hat zwei goldene Hände. Hättest du ihn zu Hause behalten damals, als er ausbrach, dann hätte er alles gelernt, was man in der Landwirtschaft wissen muss, und du müsstest dir keine Sorgen wegen einer tüchtigen Arbeitskraft machen.«

»Erst nach dem Schaden ist man klüger«, meinte Mick Henderson. Zwar glaubte auch er, dass Mikey das rechte Gespür für das Land hatte, aber man konnte da nie so sicher sein. Also bohrte er weiter.

»Welche Garantie habe ich, dass er Haus und Hof nicht hinschmeißt, wenn ich einmal nicht mehr bin?«

»Das Risiko wirst du immer haben. Wieso aber sollte Mikey die Sache hinschmeißen, wenn das für ihn sein Lebensinhalt wird? Du weißt so gut wie ich, wie blendend er mit dem Vieh umging. Er hatte nie etwas dagegen, auf dem Feld und im Stall zu arbeiten. Nur gegen die Schule hat er sich gewehrt.«

»Stimmt schon«, erwiderte Mick Henderson. »Aber es gibt doch haufenweis junge Burschen, die zu allem bereit sind, bloß um sich vor der Schule zu drücken.«

»Eins weiß ich«, erklärte Martin ernst, »entweder er kommt dieses Jahr zurück oder überhaupt nicht mehr.«

»Hat er das gesagt?«

»Ja.«

»Dann sollte ich ihn wohl selber fragen. Aber wenn er nein sagt?«

»Das wird er bestimmt nicht tun«, versicherte ihm Martin. Nach dem Gespräch stand für Mick Henderson fest, dass Martin und Mikey seine Lage längst ausführlich beredet hatten. Auf der Rückfahrt mit der Bahn blieb ihm reichlich Zeit, die Dinge zu überdenken. Seine einzige Sorge war, dass der Hof nach seinem Tod verkauft werden könnte, aber das würde auch geschehen, falls Mikey es ablehnte, zurückzukehren. Er musste daran denken, wie ihm damals sein Vater die

Farm überschrieben hatte. Es war ein strahlender Morgen im Mai gewesen, fast vierzig Jahre war das her. Er hatte keine Ahnung gehabt, was der Vater in der Stadt wollte, er hatte nur gesagt: »Spann die schwarze Stute vor den Zweisitzer.« Und um die Mittagszeit war er zum rechtmäßigen Eigentümer von Haus und Hof geworden. Dabei hatte er keineswegs Druck auf den Vater ausgeübt, hatte nur hier und da mal fallen lassen, dass er ans Heiraten dächte. In seinem Fall war das irgendwie anders gewesen. Er hatte das rechte Gespür für das Land, für den Boden gehabt. Das wusste sein Vater, wusste auch, dass die grünen Felder und Wiesen, an die er die besten Jahre seines Lebens gegeben hatte, für die nächste Generation gesichert waren. Und genau darum ging es, Mikey musste dieses Verantwortungsgefühl entwickeln für die Morgen Land, die er bald betreuen sollte. Mick Henderson hatte alles gelernt, was für die Landwirtschaft nötig war, hatte über die Jahre erfahren, welche Eigenheiten und Mängel die eigene Scholle besaß, und hatte mitunter schmerzhaft lernen müssen, wie man aus Fehlschlägen doch Nutzen ziehen konnte. Der Boden hatte einzigartige Charakterzüge, kaum wahrnehmbare Konturen, eine unerklärbare Mischung aus Weichem und Hartem, Nassem und Trocknem, Unfruchtbarem und Üppigem.

Oberflächlich betrachtet unterschieden sich seine Felder nicht von den übrigen in der Gegend. Doch er sah das mit anderen Augen. Sein Vater war ihm ein steter Partner gewesen, wenn er sich mühte, die Geheimnisse von Land- und Viehwirtschaft zu ergründen. Jetzt, da er nun alles wusste und ihm so leicht keiner was vormachen konnte, war es an der Zeit, dieses Wissen weiterzugeben. Sowie er zu Hause war, würde er seinen Entschluss seiner Frau Julia verkünden. Sie würde das mit Freuden aufnehmen. Er wusste ja, wie sehr sie sich nach ihrem Jüngsten sehnte, wenngleich sie sich wie alle Mütter mit der Zeit damit abgefunden hatte, dass er nicht mehr da war.

Ohne aufdringlich zu sein, muss ich ihm beharrlich einimpfen, welchen Wert umsichtig bestelltes Land hat, überlegte Mick weiter. Ich werde ihm klarmachen, dass das Leben eines Menschen das höchste Gut ist, dass aber der Grund und Boden, von dem er sich ernährt, nicht weniger wichtig ist. Ich und meine Frau werden einmal nicht mehr sein, doch das Land wird immer bleiben. Wir sind nur Durchreisende, Bewohner zur Miete bestenfalls. Das Land aber überdauert uns alle, wird meinen Samen nähren und den Samen meines Samens. Irgendwie würde er versuchen, Mikey dieses Gefühl zu vermitteln. Wenn er offen dafür war, würde das kein Problem werden. Selbst wenn Mikey nicht gänzlich darauf ansprang, wäre nicht alles verloren. Wenigstens würde er nicht verkaufen, und so wäre das Land für die Nachkommen gerettet. Gelang es einer Generation nicht, einen Mann mit der tiefen Liebe für das Land hervorzubringen, könnte die nächste Generation das sehr wohl schaffen und ausgleichen. Könnte ja sein, er würde noch erleben, dass einem Enkelsohn diese besondere und so schwer zu beschreibende Gabe zuteil wurde.

In der zweiten Woche im Frühjahr kam Mikey Henderson nach Hause. An den Wegrainen standen frühe Primeln in voller Pracht, und neben der breiten Zufahrt zum alten Bauernhaus zeigten dichte Büschel von Narzissen und Iris ihre ersten Blüten. Es war eine schöne Jahreszeit für eine Heimkehr. Während der ersten Monate machte er viele Fehler, doch Mick bemerkte bald, dass sein Sohn aus den Fehlern lernte und nie wieder den gleichen machte. Mit den verschiedenen Maschinen auf dem Hof kam er unheimlich schnell zurecht. Im Umgang mit Kühen, Pferden und dem anderen Viehbestand war er sehr geschickt, und besonders wichtig war auch, dass er es verstand, seine Körperkräfte sinnvoll einzuteilen.

Mick verfolgte mit lebhaftem Interesse alle Fortschritte, die Mikey in der Landwirtschaft machte. Er malte sich schon aus, wie sein Sohn eines Abends mit in die Seite gestemmten Armen dastehen und über die glitzernden Schollen eines frisch gepflügten Ackers schauen würde oder wie er mit der Hand die Augen gegen die Sommersonne abschirmte und einschätzte, ob die Wiese reif zur Mahd sei.

Die Wiesen sollten in jenem ersten Sommer Mikeys Hauptproblem werden. Es war kein besonders günstiges Jahr. Das Gras stand schlecht und wuchs nur spärlich, und das allgemeine Elend der Landwirte wurde sogar noch größer, weil keine Arbeitskräfte verfügbar waren, wenn sich günstige Momente zum Heumachen boten. Das Wetter war sehr unfreundlich, oder es war, gelinde gesagt, unbeständig. Es gab nur wenige schöne

Tage, und die folgten in der Regel nicht einmal aufeinander. Ausgerechnet in dieser angespannten Zeit ereilte sie ein schlimmes Unheil. Julia Henderson wurde krank und kam ins Krankenhaus. Alle Gedanken an eine zügige Mahd mussten aufgeschoben werden, bis sie wieder hergestellt war.

Nach zwei Wochen wurde sie entlassen. Sie hatte einen leichten Herzinfarkt gehabt. Der Doktor ermahnte sie, entschieden kürzer zu treten, andernfalls sei ein zweiter Herzinfarkt unvermeidlich. Doch sie selbst fühlte sich nach dem kurzen Krankenhausaufenthalt wie neugeboren, die häufige Ermattung, die ihr seit längerem zu schaffen gemacht hatte, schien völlig verschwunden. Sie erklärte, sie fühle sich zwanzig Jahre jünger und bestand darauf, ihr tägliches Arbeitspensum wie immer zu bewältigen. Man fand ein junges Mädchen aus dem Dorf, das ihr zur Hand ging. Es war bereit, auf dem Hof zu bleiben, bis die Schule im September wieder begann. Julia Henderson sah wirklich viel jünger aus. Sie war das blühende Leben, die Atemnot, die sie vorher oft geplagt hatte, war wie weggeblasen.

Als das Wetter sich endlich besserte, wurde man auf allen Gehöften fieberhaft tätig. Zwar bestand keine unmittelbare Aussicht, Helfer bei der Heuernte aufzutreiben, doch Mick und Mikey Henderson machten sich daran, ihre weiten Wiesenflächen zu mähen. Den ganzen Tag über folgten sie einander auf ihren beiden Traktoren. In regelmäßigen Schwaden fielen die langen Grashalme. Julia und das Mädchen brachten ihnen die Mittagsmahlzeit auf die Wiese. Nicht mal für einen kleinen Schwatz nahmen sie sich Zeit. Kaum hatten sie gegessen, stiegen sie wieder auf ihre schweren Gefährte. Angespannt arbeiteten sie weiter, bis die ersten schwachen Sterne am Abendhimmel erschienen. Nach des Tages Mühen ging es schnurstracks zum nächsten Pub. Nicht, dass sie einen Drink besonders nötig hatten, aber es war der einzige Ort, an dem man unter Umständen bereitwillige Helfer fand. Sie hatten auch halbwegs Glück. Es kam nicht von allein, erst mussten sie etliche Lagen schmeißen und sich eingehend für die Lebensumstände möglicher Kandidaten interessieren. Es war mehr ein Betteln als Werben. Mit dieser Vorgehensweise und dem Angebot, fast das Doppelte des üblichen Lohns zu zahlen, gelang es, drei Arbeitswillige zu ködern. Dass dieses Trio nicht die Crème de la Crème darstellte, war Mick und Mikey durchaus bewusst. Vermutlich würden sie es mit dem pünktlichen Arbeitsbeginn nicht so genau nehmen und sich auch nicht übermäßig anstrengen. Aber immerhin, besser als gar keine Arbeitskräfte, und wenn sich das Wetter hielt, konnte das Heu von allen Wiesen am Ende des dritten Tages unter Dach und Fach sein.

Den ersten Tag waren sie nur damit beschäftigt, die frisch gemähten Schwaden zu wenden und aufzulockern. Später am Nachmittag wurden die Schwaden zusammengerecht, um am folgenden Tag zu Heuhocken aufgestellt zu werden. Hatten sie es so weit geschafft, machten sie Schluss. Am Abend lauschten die Hendersons gespannt dem Wetterbericht. Die Vorhersage war günstig, und Mick und Mikey standen schon im Morgengrauen auf. Zuerst mussten sie die Kühe melken, dann die Milch kühlen und zur Molkerei schaffen. Danach ging es sofort wieder auf die Wiesen, alles Übrige war nebensächlich. Gegen zehn Uhr erschienen die Helfer, und dann ging es mit dem Aufstellen der Heuschober richtig los. Zuerst wurde das getrocknete Heu mit Hilfe der vom Traktor gezogenen Rechen mit den langen Eisenzinken zu Haufen zusammengeschoben. Das hatte Mikey übernommen. Er arbeitete wie besessen, denn die paarweise eingeteilten Heuschoberaufsteller mussten pausenlos mit Heuhaufen versorgt werden. War er schneller als die anderen, sprang er vom Traktor, nahm ein Riesenbüschel auf die Heugabel und schaffte den Grundstock für den nächsten Heuschober. Das war die schwerste Arbeit beim Heumachen. Langsam und mühsam entstand so Schober um Schober, gegen Endes des zweiten Tags war die Hälfte des Heus gerettet. Julia Henderson und das Mädchen hatten den Männern wieder das Mittagessen hinausgebracht. Am dritten Tag kam Julia allein. Die Haushaltshilfe war gar nicht erst aufgetaucht, sie war am Abend zuvor auf einem Tanzvergnügen gewesen, wie zu erfahren war, und fand nicht aus dem Bett. Doch Julia nahm das gelassen. Kurz nach der Mittagszeit war sie bei den Heumachern auf dem Wiesenland. Von Südwest her bezog sich der Himmel. Sollte es wirklich Regen geben, dann würde er von dort kommen. Nach dem Mittagessen sagte einer der Arbeiter, er könne nicht mehr, er hätte Magenschmerzen. Mick hielt das für eine Ausrede, weil ihm das Arbeitstempo nicht

passte. Gerade der war ihm von Anfang an als Drücke-
berger aufgefallen. Mikey hatte aufgeschnappt, wie er
mit einem seiner Kumpel abfällig über die Arbeit auf
dem Lande geredet hatte. Nicht ums Verrecken würde
er sich darauf einlassen, Bauer zu werden.

Ihr Mann hatte Julia abhalten wollen, Hand anzule-
gen, doch sie hatte darauf bestanden, zusammen mit
ihm Heuschober aufzustellen. Stumm und verbissen
hatten sie an einem Ende der Wiese geschuftet, ein
Stück von dem anderen Paar entfernt. Julia Henderson
war die ideale Frau eines Landwirts. Stets hatte sie ihrem Mann auch auf dem Feld beigestanden, wenn es
notwendig war. Sie entstammte einer bäuerlichen Familie und war mit den Obliegenheiten in Haus und Hof
nur allzu vertraut. Dazu gehörte auch, mitunter die
ganze Herde allein zu melken und dann noch bei Hochzeiten oder Beerdigungen in der Küche einzuspringen.
Letzteres galt als ein ungeschriebenes Gesetz, wenn es
an Arbeitskräften mangelte.

Ab und an schaute Mick besorgt nach West und Süd,
wo sich Wolkenmassen unheildrohend auftürmten und
dem klaren Himmel allmählich näher rückten. Wenn es
gut ging, würde es noch drei oder vier Stunden trocken
bleiben. In dieser Zeit könnten sie es schaffen, alle Heuschober aufzustellen und so das Heu zu retten. Im Eil-
tempo raffte er die Heubündel zusammen. Dann passierte es. Ohne jede Vorwarnung stöhnte Julia plötzlich
auf und rang nach Luft. Mick stand hilflos und entsetzt
neben ihr, während sie die Finger krampfhaft gegen die
Brust krallte, um den grässlichen Schmerz einzudäm-

men. Doch ebenso plötzlich sanken die Hände zur Seite, lautlos fiel sie um und blieb gekrümmt liegen. Mick Henderson beugte sich zu ihr und flüsterte ihr mit Inbrunst das Schuldbekenntnis ins Ohr. Seine Frau war tot. Sacht streckte er ihr die Beine gerade und faltete ihr die Hände auf der Brust.

Er setzte sich neben sie und wartete auf Mikey mit der nächsten Ladung. Der junge Mann merkte sofort, etwas stimmte nicht. Langsam stieg er vom Traktor und las dem Vater vom Gesicht ab, was geschehen war. Er kniete sich neben seine Mutter, küsste sie auf Lippen und Stirn, strich ihr das Haar aus dem Gesicht, hob den Kopf an und bettete ihn auf ein Kissen aus Heu. Dann stand er auf und schaute zum Himmel.

»Es nützt nichts, wir müssen weitermachen«, sagte er. Mick Henderson blickte ihn verständnislos an. Dann begriff er, worum es ihm ging.

»Was aber ist mit den beiden da hinten?«, fragte er und wies mit dem Daumen auf die beiden Arbeiter, die am anderen Ende der Wiese einen Heuschober aufstellten.

»Was ich nicht weiß, macht mich nicht heiß«, tat Mikey die Frage ab. Langsam stand sein Vater auf. Mikey war schon dabei, den Heuschober weiterzubauen. Instinktiv folgte der Ältere seinem Beispiel.

Bevor er wieder losfuhr, um den nächsten Heuhaufen mit dem Rechen heranzubringen, legte Mikey dem Vater eine Hand auf die Schulter.

»Sie würde das gewiss verstehen. Dir brauche ich das doch nicht zu sagen. Wenn wir das hier geschafft haben, tragen wir sie ins Haus, und ich hole den Pfarrer.«

Damit kletterte er wieder auf den Traktor und rechte die restlichen Schwaden zusammen. Kurz blickte Mick Henderson auf seine tote Frau und verfolgte dann mit den Augen den jüngsten Sohn. Da gab es nichts dran zu rütteln, aus dem Jungen war ein Mann geworden, der Prioritäten zu setzen wusste, ein Mann mit dem richtigen Gespür für das Land.

Unter dem Ahornbaum

Eigentlich war Jimmy Bowen kein pingeliger Typ, und doch rasierte er sich Abend für Abend und wusch sich mit aller Sorgfalt, ehe er die besten Sachen anzog und sich so für seinen Spaziergang zum Fluss rüstete. Er verließ das Haus und blieb immer erst vor dem Schaufenster stehen, um sich darin peinlich genau zu betrachten. Entdeckte er die geringste Unstimmigkeit in seinem Äußeren, kehrte er schnurstracks um und beseitigte den Makel. Hatte er mit Befriedigung festgestellt, dass er nichts unterlassen hatte, um seinem Erscheinungsbild den letzten Schliff zu verleihen, spiegelte er sich ein zweites Mal im Schaufenster. Oft stand er dort minutenlang und tat, als wäre er in die Schaufensterauslagen vertieft, in Wahrheit aber wanderte sein prüfender Blick von Kopf bis Fuß und erkundete, ob sein Aussehen durch keinen Mangel getrübt wurde. War er zu dem Ergebnis gelangt, dass nichts, aber auch gar nichts an seinem Äußeren auszusetzen war, machte er sich auf den Weg. Die Uhrzeit für seinen täglichen Gang änderte sich je nach Jahreszeit, immer aber war es etwa eine halbe Stunde, bevor es dunkel wurde. Er wanderte gemächlich durch die Straßen und bog dann auf einen Weg ab, der zum Fluss führte. Sowie er des Wassers ansichtig wurde, ging in ihm eine Veränderung vor. Seine Augen glänzten. Die Ohren begannen zu kribbeln, als stünde ihm eine aufregende Begegnung bevor. Er wurde ein völlig anderer Mensch.

Mit seinen sechzig Jahren war Jimmy Bowen ein schlanker, grauhaariger, lebhafter Mann, der sich mit der Leichtigkeit eines Sportlers bewegte. Er war begütert. Es ging das Gerücht um, dass er nie geheiratet hatte, weil das Mädchen, das er geliebt hatte, bei einem Autounfall umgekommen, vielleicht auch ertrunken oder etwas ähnlich Schlimmes mit ihr passiert war. Genaueres wusste niemand. Mit achtzehn oder neunzehn hatte er die Stadt verlassen und war zwanzig Jahre später wieder zurückgekehrt, um das Familiengeschäft, eine Eisenwarenhandlung, zu übernehmen, weil es der Vater krankheitshalber nicht weiterführen konnte. Das Verhältnis der beiden war immer von Meinungsverschiedenheiten geprägt gewesen, doch den Kontakt zueinander hatten sie nie verloren, hieß es. Als der alte Bowen starb, wurde Jimmy sein Nachfolger. Seine Mutter starb unmittelbar danach, und natürlich erwartete man, dass er heiraten würde. Jung genug war er. Ein wohlhabender, gesunder Mann von vierzig sollte keine Schwierigkeiten haben, eine Frau zu finden. Er blieb jedoch Junggeselle und war für die nicht mehr taufrischen alten Jungfern jahrelang eine rechte Plage. Mit sechzig wurde sein Haar langsam weiß, und mit der Zeit wurde er auch nicht mehr als Heiratskandidat gehandelt. Das Geschäft blühte, und man stellte allerlei Vermutungen an, was daraus werden sollte, wenn er es aus Altersgründen nicht mehr würde weiterführen können. In einer entlegenen Stadt hatte er eine Cousine, die es zu nichts gebracht hatte, aber mit reicher Kinderschar gesegnet war. Freunde der Familie überredeten Jimmy, dass es ein Akt der Nächstenliebe wäre, den ältesten Jungen ins Geschäft zu nehmen. Das ging schief. Der Bursche hatte es von Anfang an darauf angelegt – er verschwand eines schönen Tages mit mehreren hundert Pfund auf Nimmerwiedersehen.

Der Weg am Fluss, Jimmys abendliche Wanderstrecke, war auf der einen Seite von riesigen Eichen und Ahornbäumen gesäumt, und auf der anderen Seite zog sich ein breiter Uferstreifen hin. Es war ein malerisches Fleckchen Erde, aber kaum noch von Menschen begangen. Früher hatte es Liebespärchen dorthin gezogen, doch die kurvten jetzt lieber in Autos durch die Gegend. Die Älteren lockte nur noch außerordentlich schönes Wetter nach draußen, lieber hockten sie zu Hause vorm Fernseher. So begegnete Jimmy höchstens mal einem Angler oder einem, der mit der Schrotflinte unterwegs war. Jimmy behagte die Stille und Einsamkeit, doch das hatte etwas damit zu tun, dass er geheimen Sehnsüchten nachhing. Um die Stimmung richtig genießen zu können, hatte er sich als Standort einen Ahornbaum auserkoren, der ihm Schutz bot. Am schönsten fand er es, wenn es völlig windstill war. Die Ruhe ringsum versetzte ihn in eine Art Trance, so versunken war er in das Naturschauspiel. Manchmal tauchten auf der Wasseroberfläche hier und da winzige Schaumflocken auf. Selbst die Vögel schienen wie verzaubert und verstummten. Es waren die wenigen Minuten, da das Tageslicht in die Abenddämmerung überging und sich schließlich ganz zurückzog, da die Natur zu begreifen schien, dass vollkommene Stille und Reglosigkeit geboten waren, um sich in aller Ehrfurcht der Dunkelheit zu beugen. Für Jimmy Bowen war genau das der zeitliche Rahmen, in dem er sich die Erfüllung seines heimlichen Sehnens erhoffte. Er träumte davon, dass sich aus dem Schatten des Flussufers eine Frau lösen würde, die Frau seiner Träume, die sich zu ihm gesellen und mit ihm gemeinsam den romantischen Anblick genießen würde. Natürlich wusste er, dass er an einem Ort wie diesem und zu so zauberhafter Stunde kein Wunder erwarten durfte. Und wenn wie stets kein weibliches Geschöpf Gestalt angenommen hatte, machte er sich auf den Rückweg und konnte es dennoch nicht lassen, darauf zu warten, dass sie irgendwo aus den Baumgruppen oder Sträuchern am Wegesrand unversehens auftauchte. Insgeheim hielt er an dem Gedanken fest, dass sie eines Abends erscheinen würde. Plötzlich würde sie da sein, einfach so. Und wenn es dann geschah, würde er sie an die Hand nehmen, und sie würden gemeinsam den Lichtern der Stadt zustreben. Schweigend, denn der Worte bedurfte es nicht.

Zwanzig Jahre lang war Jimmy ohne jemanden an der Hand der Stadt zugestrebt, aber das hatte seinen Erwartungen keinen Dämpfer aufgesetzt. Er war immer noch voller Hoffnung wie eh und je. Die Arbeit im Geschäft betrieb er mit ernsthaftem Eifer, niemand dort wäre auf die Idee gekommen, dass sich das Privatleben des Mannes auf so unwahrscheinlichen und romantischen Vorstellungen gründete. Wenn überhaupt, stellte man sich eher das völlige Gegenteil vor. Zu seinem Mitarbeiterstab gehörten zwei Gehilfen, zwei Brüder mittleren Alters, die schon bei seinem Vater in die Lehre gegangen waren. Dann gab es da noch ein Faktotum, bereits leicht betagt und ebenfalls ein Überbleibsel aus seines Vaters Zeit, und schließlich Miss Miller. Schwer zu sagen, wie alt sie war. Die Kunden redeten von ihr nur als Mousie Miller. Sie war in den Betrieb gekommen, als sein Vater schon krank war, und hatte ihren Arbeitsplatz in einem verglasten und leicht erhöhten Büroraum, von dem aus sie das Geschehen im Geschäft bestens übersehen konnte. Sie ging schlicht gekleidet, trug eine Brille und benutzte nur selten Make-up. Freunde hatte sie kaum und schien sich damit zu begnügen, die meiste Freizeit mit ihrer Wirtin, einer älteren Witwe, zu verbringen. Sie stammte aus den Midlands aus bescheidenen Verhältnissen, die Familie betrieb, wie es hieß, Landwirtschaft. Jimmy betrat selten das Büro. Und wenn er es tat, geschah es, weil Miss Miller ihn darum gebeten hatte. Dann stand sie bereits und bot ihm ihren Stuhl an, den sie eigens für ihn geräumt hatte. Im Allgemeinen ging es bei einem solchen Besuch um das Konto eines Unternehmers, das bereits überzogen war, oder um die Entscheidung, ob man wegen überfälliger Rechnungen besser einen Rechtsanwalt einschalten sollte. Sie redete ihn stets mit Mr. Bowen an, und auch für ihn kam nie eine andere Anrede als Miss Miller in Frage. Er wehrte sich zwar nie gegen diese gelegentlichen Zusammenkünfte, fand aber immer, dass seine Gegenwart eigentlich gar nicht vonnöten war. Sie mochte unscheinbar wirken und den Eindruck erwecken, sich nicht durchsetzen zu können, aber sie kannte sich in den geschäftlichen Dingen aus und bewies einen erstaunlichen Durchblick. Die Buchführung war einwandfrei. Auf Anfrage konnte sie jederzeit mit einer Zwischenbilanz aufwarten und den aktuellen Stand von Soll und Haben vorweisen. Sie war es, die mit den Rechnungsprüfern zusammensaß, die Inventur machte, auf Gratifikationen für die Mitarbeiter achtete, die wöchentliche Lohnzahlung in der Hand hatte und sich um die hundert kleinen Dinge kümmerte, die ein Geschäft am Laufen halten. Man konnte wohl sagen, dass sie ihren Arbeitgeber in- und auswendig kannte. Jimmy wusste, was sie für das Unternehmen bedeutete, und bezahlte sie gut. Man konnte in der Stadt fragen, wen man wollte, jeder würde einem bestätigen, dass er, von kleinen Schwächen abgesehen, ein durch und durch anständiger Mensch war.

Mit den übrigen Mitarbeitern hatte er ein etwas anderes Verhältnis. Ein gelegentlich vorbeischauender Kunde hätte schwerlich erkennen können, wer der Boss und wer Mitarbeiter war. Es war ein gutes Zusammenspiel. Die Leute vom Land, die dort einkauften, schätzten einen Mann, der sie nicht von oben herab behandelte, der wie die anderen auch hinterm Ladentisch stand und jedem einen guten Tag wünschte. Auffällig waren andere Charaktereigenschaften, die aber so mancher besaß, egal, ob in der Stadt oder auf dem Land. Dazu gehörte sein Hang, in gewissen Zeitabständen auf

Sauftour zu gehen. Geregelten Urlaub nahm er nie. Wenn ihn das Verlangen überkam, und das geschah meist bei schönem Wetter, begab er sich zum Kassenfensterchen im Büro und sagte Miss Miller, was er benötigte.

»Ich brauche ein paar hundert«, hieß es zum Beispiel, und Miss Miller zählte ihm ohne jeden Kommentar die Scheine in Fünfern und Zehnern vor.

Kaum waren die Banknoten in der Jackentasche verstaut, sagte er lediglich: »Bin in ein paar Tagen wieder da.« Zu Hause schlüpfte er in bequeme Hosen, Pullover und Sandalen. Dann ging's zur Tankstelle zum Tanken und zu einer flüchtigen Durchsicht, und von dort zur nächstgelegenen Stadt oder, wenn es die Jahreszeit hergab, in einen etwas weiter entfernten Ferienort. Seine Kunden nahmen seine plötzliche Abwesenheit mit Schmunzeln zur Kenntnis. Sie wussten, was Durst hieß und wohin es ihn trieb. Glaubten jedenfalls, es zu wissen. Sicher gab es dort auch eine Frau, vielleicht sogar nicht nur eine. Warum sonst fuhr er allein los? Niemand verübelte es ihm. Nicht mal eine Stiefmutter hätte etwas dagegen haben können. Viele beneideten ihn darum, dass er einfach so abhauen und fort bleiben konnte. Niemanden brauchte er um Erlaubnis zu fragen, und auch zurückkommen konnte er, wann er wollte. Bei seiner Rückkehr ließ er mit keinem Wort durchblicken, wie er die Zeit verbracht hatte, ein untrügliches Zeichen, wie seine Freunde meinten, dass er mal wieder über die Stränge geschlagen hatte.

In Wahrheit aber geschah nicht viel mehr, als dass

Jimmy Bowen morgens lange ausschlief. Den Rest des Tages verbrachte er damit, die Pubs und Hotelbars der näheren Umgebung zu erkunden. Manchmal trank er ganz für sich allein, es kam aber auch vor, dass er sich mit jemandem zusammentat – dann endete das Trinken oft mit gemeinsamem Gesang. Um Mitternacht war er in einem solchen Fall dermaßen voll, dass er sein Zimmer gerade noch aus eigener Kraft erreichte. Viel mehr passierte eigentlich nicht. Nie ließ er es zu einer ernsthaften Begegnung mit einer Frau kommen. Er blieb seinen Flussuferträumen treu, und selbst wenn er betrunken in einen glückseligen Tiefschlaf sank, begleiteten ihn die bezaubernden Bilder seines Lieblingsplatzes, und er erkühnte sich, der schemenhaft erscheinenden geliebten Gestalt zu folgen, die sich ihm in Wirklichkeit noch nie gezeigt hatte. Er schlief gut und fest und wachte nicht eher auf, als bis die Zimmermädchen an die Tür klopften, und das taten sie erst im Laufe des Vormittags. Vor zwölf Uhr ließ er sich nie blicken. Bis zum Lunch blätterte er in den Tageszeitungen, aß dann, blieb noch eine Weile gemütlich sitzen und raffte sich schließlich zu der einzigen körperlichen Herausforderung des Tages auf. Die bestand in einem einstündigen Spaziergang, nach dem er sich frisch genug fühlte, um dem ersten kräftigen Schluck des neuen Tages zuzusprechen. Nach vier oder fünf Tagen war sein Bedürfnis nach Abwechslung befriedigt, und er fuhr nach Hause. Am Tag seiner Heimkehr nahm er keinen Tropfen Alkohol zu sich. Auch achtete er strikt darauf, immer erst nach Einbruch der Dunkelheit das Geschäft zu erreichen. Nach einem kleinen Imbiss verfügte er sich ins Bett und stand erst wieder auf, wenn der Kater völlig verflogen war. Im Allgemeinen schlief er bis in die späten Nachmittagsstunden des folgenden Tages, dann fühlte er sich wieder frisch und war bereit, sich einem normalen Tagesablauf zu widmen. Nicht, dass er deshalb zwischen den Zechtouren völlig abstinent lebte. Meist kehrte er nach seinen abendlichen Runden zum Fluss im *Anglers' Rest* ein, wo er sich ein oder zwei Whiskey genehmigte, die er mit ein paar Pint Bier vom Fass nachspülte. Er trank nie allein. Ein oder zwei Kumpel saßen immer in der Wirtschaft, zu denen er sich gesellte, und man ging erst, wenn Ausschankschluss war.

Kurz nach seinem sechzigsten Geburtstag unternahm er die längste und heftigste Sauftour seines Lebens. An einem frühen Montagnachmittag verließ er die Stadt und ward zehn Tage lang nicht mehr gesehen. Aus dem, was in der Zwischenzeit durchsickerte, ließ sich nichts Rechtes zusammenreimen. Selbst Miss Miller konnte nichts ausrichten, denn falls Jimmy Bowen überhaupt in der Lage war, die Erlebnisse einzuordnen, nützte das wenig, es war nun einmal geschehen und damit vorbei. Um der Wahrheit die Ehre zu geben, die Vorgänge waren unwiderruflich im Nebel des Suffs versunken. In späteren Jahren tauchten vor seinem inneren Auge immer mal wieder Erinnerungsfetzen auf, aber nie so, dass sich ein zusammenhängendes Bild ergeben hätte. Immerhin vertraute er kurz nach seiner Rückkehr seinen Freunden im Pub an, dass es die Krönung all seiner Zechgelage gewesen wäre, und das nahmen die ihm ohne Weiteres ab. Wenn er das so sagte, musste man ihm das glauben. Jimmy Bowen gehörte nicht zu denen, die übertrieben. Woran er sich allerdings lebhaft erinnerte, war, wie er am letzten Tag wieder zu sich kam. Sein Kopf dröhnte dermaßen, dass er schon befürchtete, sein letztes Stündlein hätte geschlagen. Stundenlang wälzte er sich verzweifelt im Bett. Am späteren Nachmittag raffte er sich mit äußerster Willenskraft auf und schleppte sich zum Bad. Er ließ kaltes Wasser in die Wanne laufen, stand splitterfasernackt daneben und wartete, bis sie vollgelaufen war. Entweder es bringt mich um oder kuriert mich, sagte er sich. Er glitt nicht sacht ins Wasser, er platschte förmlich hinein. Er schrie laut auf. Nach dem ersten Schreck bebte und prustete er wie ein Wahnsinniger, da die Kälte in jeden Körperteil drang. In letzter Not fing er mit zitternder Stimme an zu singen. So sehr er sich auch mühte, er konnte keinen Ton halten. Plötzlich überkam ihn die Angst, gänzlich zu erstarren. Von Panik ergriffen, hievte er sich aus der Wanne und landete auf dem schlüpfrigen Boden auf dem Hintern. Nur mit großer Mühe kam er auf die Beine und trocknete sich ab. Nach ein paar Minuten fühlte er sich deutlich besser. Im Kopf hämmerte es immer noch, aber es war zu ertragen. Die Hände zitterten nicht mehr. Er beschloss, sich zu rasieren. Erstaunlicherweise brachte er es zuwege, ohne sich zu schneiden. Er kämmte sich und setzte sich aufs Bett. Er hatte keine Ahnung, wo er war. Er wollte schon zum Telefonhörer greifen, doch er bemerkte noch rechtzeitig, dass er nackt war. Hastig streifte er die Hosen über. In der

Uhrentasche fand sich noch Geld. Er wunderte sich über die Menge. Musste wohl ein oder zwei Schecks eingelöst haben. Würde sich zur rechten Zeit schon klären. Er führte den Telefonhörer zum Ohr:

»Guten Tag, Mr. Bowen.«

»Guten Tag. Wo bin ich?«

Ein herzhaftes Mädchenlachen am anderen Ende.

»Ich meine es ernst. Wo bin ich?«

»Das glaube ich Ihnen, Mr. Bowen. Sie Ärmster.«

»Wo also?«

»Im *Neptun.*«

»Galway?«

»Galway.«

»Danke.« Seine Stimme klang erleichtert. Galway war keine drei Stunden von zu Hause entfernt. Er schaute auf die Uhr. Dreiviertel vier. Erst etwas essen, dann die Rechnung bezahlen und los. In gemächlichem Tempo würde er noch bei Tageslicht ankommen. Er freute sich geradezu auf die Fahrt. Um halb acht hatte er den Rand seiner Heimatstadt erreicht, und immer noch war es hell. An das, was dann ablief, konnte er sich später ebenso wenig erinnern wie an seine Sauftour. Jedenfalls fand er, dass es noch zu hell am Tage war, um direkt ins Geschäft zu gehen. Also fuhr er zum *Anglers' Rest.* Außer Mrs. Malone, der Wirtin, war niemand dort.

»Da sind Sie ja wieder«, begrüßte sie ihn, als wäre er nicht länger als üblich fort gewesen. Tatsächlich hatte es die ganze Woche über Spekulationen ohne Ende über sein Fernbleiben gegeben, die in ehrliche Besorgnis übergingen. Man war sich bereits einig, zur Polizei zu gehen, sollte er bis zum Wochenende nicht aufgetaucht sein. Sauftour hin, Sauftour her, es gab auch Grenzen.

»Wie geht es Ihnen? War's schön?«, fragte Mrs. Malone und hoffte, dass ihre Erregung der Stimme nicht anzumerken war.

»Es war großartig«, versicherte ihr Jimmy. »Aber jetzt nehm ich erst mal einen Jameson. «

Während sie der Bestellung nachkam, überlegte Mrs. Malone, wen von Jimmys Trinkbrüdern und wen von ihren eigenen Freunden sie als Erste anrufen sollte. Sie nahm den ihr gereichten Geldschein und entschuldigte sich, wollte angeblich nach Wechselgeld sehen. Die Anrufe, in denen sie die Neuigkeit verbreitete, erfolgten vom Hinterzimmer, wo das Telefon war. Sie sprach nur hinter vorgehaltener Hand und im Flüsterton. Ohne zu ahnen, was vor sich ging, saß Jimmy derweil in der Gaststube und nippte an seinem Whiskey. Woher sollte er auch wissen, dass seine ungewohnt lange Abwesenheit für Unruhe gesorgt hatte. Seine Gedanken waren nur darauf fixiert, wie rasch draußen das Tageslicht schwinden würde.

»Nicht mehr lange, und es ist dunkel«, sagte er sich, und einen Augenblick später hatte er den Entschluss gefasst, sich zu dem abendlichen Gang zum Fluss aufzumachen. Er war durch den Whiskey zwar leicht benommen, empfand aber eine wohlige Wärme. In solchermaßen fröhlichem Zustand verließ er *Anglers' Rest* und schlenderte zum Flussufer. Zwielicht lag zwischen Flussbett und Himmel. Nicht lange, und alles würde in Dunkelheit gehüllt, die kurzen Momente des Stimmungswechsels in der Natur würden vorüber sein. Die Schatten lagen bereits tief. Gleich würden die blassen Fäden des Abendlichts sich in dem dunklen Teppich der Nacht verlieren. Jimmy Bowen beschleunigte seinen Schritt, um noch rechtzeitig zu seinem geliebten Baum zu kommen. Die Welt schien den Atem anzuhalten. Das an der Oberfläche gesprenkelte Wasser floss still dahin. Jimmy Bowen blieb stehen, unfähig weiterzugehen – unter den weit ausladenden Zweigen des Ahornbaums glaubte er eine weibliche Gestalt zu sehen. Sein Herz flatterte. Sein Atem ging schneller. Verklärt blickte er angestrengt in das Zwielicht, bewegte sich langsam vorwärts. Nein, er irrte sich nicht. Es waren eindeutig die Umrisse einer Frau. Ein zartes Tuch schmückte den abgewendeten Kopf. Ein weißer Regenmantel schützte den schlanken Körper. Das kann nicht sein, sagte sich Jimmy Bowen, und doch stand sie dort, lebte und atmete – natürlich und selbstverständlich wie die hereinbrechende Dunkelheit. Er räusperte sich leise, um sie nicht zu erschrecken. Sie drehte sich zu ihm, und eh er sich versah, lag sie in seinen Armen. Das war der Moment, da Jimmy Bowen spürte, dass in seinem bisherigen Leben etwas Gewaltiges, ja, Großartiges gefehlt hatte. Die Umarmung währte eine Ewigkeit, zumindest kam es Jimmy so vor. In Wirklichkeit dauerte sie eine halbe Minute. Er wagte nicht, ihr ins Gesicht zu schauen. Er riskierte nur einen flüchtigen Blick und war von dem, was er in der Dunkelheit sah, angetan. Ihre Gesichtszüge waren etwas kantig, aber wohlgeformt. Auf der Wange glänzte eine Träne, zumindest hielt er es in dem schwachen Mondlicht für eine Träne. Kein Wunder. Beide hatten sie viel zu lange auf diesen Moment gewartet. Er war gleichermaßen überwältigt, auch wenn über seine Wange keine Träne rann. Sacht nahm er ihre Hand, die sich sofort in die seine schmiegte. Langsam gingen sie den Weg zurück, den er gekommen war. Mrs. Malone sah besorgt auf, als sich die Tür öffnete. Das tat sie immer. Ein Pub war ein Pub, man wusste nie, wann man es mit einem Unruhestifter zu tun hatte. Erleichterung machte sich auf ihrem Gesicht breit, als sie Jimmy Bowen sah, wich aber sogleich ehrlicher Verwunderung, als sie seine Gefährtin bemerkte.

»Ach, du mein Gott!«, begrüßte sie die Gäste, »Mousy Miller, und ohne Brille!«

Alle Köpfe in Hörweite schossen herum. Alle Gespräche verstummten. Mrs. Malone wendete ihre Aufmerksamkeit Jimmy Bowen zu. Ein merkwürdiger Glanz ruhte auf ihm. Er war in der Tür stehen geblieben, immer noch wie in Trance versetzt, Miss Miller neben ihm, als warteten beide darauf, in den Raum geleitet zu werden. Mrs. Malone suchte vergeblich nach dem Wort, das Jimmys Aussehen beschrieb. Mondsüchtig, ja, das war es, mondsüchtig.

Nach einer Weile stand einer von Jimmys Bekannten auf und verschaffte ihnen Sitzplätze.

»Ich muss gestehen, sie sieht richtig attraktiv aus«, raunte Mrs. Malone einem in ihrer Nähe stehenden Gast zu. »Vielleicht ein bisschen zu viel Make-up, aber es steht ihr. Sie ist kaum wiederzuerkennen.«

Jimmy stand selig, wenn auch etwas unschlüssig an der Theke.

»Ich nehme einen Jameson«, erklärte er.

»Und Miss Miller?«, fragte Mrs. Malone.

»Miss Miller?«

»Hinter Ihnen.«

Jimmy Bowen drehte sich langsam um. Es kostete ihn große Mühe, den Blick auf seine Gefährtin zu heften.

»Verdammt noch mal, die ist ja Miss Miller wie aus dem Gesicht geschnitten.« Die über die Schulter geäußerte Feststellung war mehr für Mrs. Malone gedacht.

»Fragen Sie sie lieber, was sie haben möchte.« Jimmy brachte sie fast zur Verzweiflung, der aber ignorierte sie. Mit dem Rücken zur Theke stand er einfach da und betrachtete mit verblüffter Heiterkeit seine soeben gefundene Liebe.

Mrs. Malone wandte sich ihr direkt zu und fragte sie: »Was darf ich Ihnen einschenken?«

»Einen süßen Sherry, bitte«, kam die bescheidene Antwort.

»Verdammt noch mal, sie spricht auch genauso.« Jimmys Stimme klang leicht beunruhigt. Miss Miller bemerkte das sehr wohl und blickte peinlich berührt in die Runde.

»Verdammt noch mal, es ist tatsächlich Miss Miller«, stellte Jimmy Bowen fest, da er sie nun auch von der anderen Seite sah. »Warum hat mir das niemand gesagt?« Betreten blickte er von einem Gesicht zum anderen. Eisige Stille. Jeder schaute irgendwohin, zu Jimmy

Bowen, zu Mrs. Malone, zum Nachbarn, zur Decke, überall hin, nur nicht zu Miss Miller.

»Entschuldigen Sie.« Mehr als ein Flüstern war es nicht, und doch waren die Worte bis in jede Ecke der Schankstube zu hören. Sie kamen von Miss Miller.

»Ihr Sherry.« Zu spät. Miss Miller war schon an der Tür und zog sie leise hinter sich zu. Einem allseitig betroffenen Schweigen folgte lautstarke Erleichterung. Alle sprachen durcheinander. Nur Jimmy Bowen schwieg. Es schien ihm die Sprache verschlagen zu haben, und das Gesicht widerspiegelte Fassungslosigkeit. Verstört wankte er zur Tür. Über eine Stunde wanderte er ziellos durch die Straßen. Langsam und schmerzlich wurde er nüchtern, bis er sich zu guter Letzt vor seinem eigenen Schaufenster wiederfand. Während er die Hosentaschen nach den Schlüsseln abtastete, studierte er sein Spiegelbild. Die Kleidung hatte nicht gelitten, das Gesicht wirkte abgespannt, die Augen vielleicht ein bisschen verschwiemelt, das weiße Haar war leicht zerzaust, aber der Gesamteindruck war präsentabel. Er fand den richtigen Schlüssel, brachte es jedoch nicht über sich, ihn in das Schlüsselloch zu stecken. Unschlüssig hielt er ihn in der Hand und betrachtete sinnend sein Konterfei. Er schloss fest die Augen und öffnete sie wieder. Diesmal schaute er über das Spiegelbild hinweg. Vor seinem inneren Auge nahmen Bäume und ein ruhig dahinfließender Fluss Gestalt an. Aus der in der Abenddämmerung liegenden Landschaft lösten sich die Umrisse von zwei Menschen, die Gesichter konnte er nicht erkennen, aber es waren ein Mann und eine Frau, sie gingen nebeneinander und auf das Ufer zu und blieben unter dem Ahornbaum stehen. Jimmy Bowen hielt den Atem an, denn die Frauengestalt drehte anmutig den Kopf in seine Richtung. Das strahlende Lächeln auf Miss Millers Gesicht galt Jimmy Bowen, ihm allein. Daran bestand kein Zweifel. Das Lächeln kam aus dem Herzen, und das schlug für Jimmy Bowen.

»Warum nicht?«, fragte er laut. »Ja, warum eigentlich nicht?«, fragte er ein zweites Mal, kehrte dem Schaufenster den Rücken und wandte sich der Straße zu. »Warum nicht?«, fragte er die Sterne über sich. »Warum nicht, warum nicht, warum nicht?«, wiederholte er in einem fort und hastete zum Haus der Witwe, wo mit einer Träne im Auge Miss Miller hinter dem geschlossenen Fenster saß.

JOHN B. KEANE
Whiskey für den Weihnachtsmann
Irische Weihnachtsgeschichten
Aus dem Englischen
von Irmhild und Otto Brandstädter
199 Seiten
ISBN 978-3-7466-2757-1

Irische Weihnachten: voll unverwüstlicher Lebensfreude

In Irland ist manches anders, auch das Weihnachtsfest. Der zweite Feiertag zum Beispiel ist »Zaunkönigstag«: Nach alter Sitte tragen die jungen Leute aus dem Dorf Stechpalmenzweige, die mit Bändern geschmückt sind, an denen Zaunkönige hängen, singend von Haus zu Haus. Sie sammeln milde Gaben für den Zaunkönigstanz und das feuchtfröhliche Gelage, mit denen Weihnachten ausklingt.
Mit sanfter Ironie schildert John B. Keane irische Weihnachtsbräuche und allerlei Aberglauben. Wundersame Charaktere abseits der Groß-stadt und liebenswerte Einzelgänger in der Abgeschiedenheit weiter Torfmoore bevölkern seine skurrilen Geschichten, die sich mit oder ohne Whiskey gleichermaßen zum Lesen und Vorlesen eignen.

»Alle keine Weihnachtsengel, aber alle liebenswert.«
LÜDENSCHEIDER NACHRICHTEN

»Wie Legenden zu lesen und doch so herrlich realistisch.«
OSTTHÜRINGER ZEITUNG

Mehr Informationen erhalten Sie unter www.aufbau-verlag.de oder in Ihrer Buchhandlung

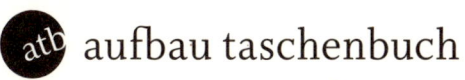

KÜF KAUFMANN
Wodka ist immer koscher
Ein Roman über das Trinken
und das Leben
208 Seiten
ISBN 978-3-351-03343-9

Wodka für die Seele

»Na Sdorowje«, »Lehaim!« und »Zum Wohl!«. Wodka löst die Zunge, befeuert das Herz, bringt das Geschichtenerzählen in Gang. Obwohl der Wodka nicht der Held dieses Buches ist – das ist der Erzähler, der auf ein abenteuerliches Leben zwischen dem Schwarzen Meer und den Gestaden Sachsens zurückblickt –, so ist doch die Wirkung dieses Getränks in jeder der Geschichten spürbar. Ob es um eine trinkende Fürstin geht, einen saufenden Hofwart, einen in die Jahre gekommenen Tenor, einen tollkühnen Oberst der Roten Armee. Charmant plaudernd wie Ephraim Kishon, witzig und skurril wie Wladimir Kaminer: Küf Kaufmann – Jude, Russe, Kabarettist, Regisseur – erzählt sein turbulentes Leben in Geschichten, die der Wodka entfesselt hat.

»Küf Kaufmann schreibt fröhlich und meschugge mit einem Hauch Melancholie. Ein großes Lesevergnügen – mit und ohne Wodka.«
BERND-LUTZ LANGE

Mehr Informationen erhalten Sie unter www.aufbau-verlag.de
oder in Ihrer Buchhandlung

THOMAS KOCHAN
Blauer Würger
So trank die DDR
336 Seiten. Broschur
ISBN 978-3-351-02730-8

Prost! Von Rotkäppchen bis Goldbrand

In den Witzen über die DDR spielt Alkohol häufig eine Rolle: Süffeln an der Werkbank, rauschhafte Brigadefeiern, das dünne Kneipennetz. Die SED sorgte ab 1960 für die Ausweitung der Produktion, mit Goldbrand, Timms Saurer und Sambalita ließ sich Kaufkraft abschöpfen und der Export steigern. Rotkäppchen-Sekt aber tauchte nur kurz vor Silvester in den Läden auf, und trübes Bier wurde mit Kennerblick schon in der Kaufhalle aussortiert. Verrenkungen waren nötig, um an einen Karton Rosenthaler Kadarka zu gelangen, und der 40-prozentige Kristall-Wodka wurde vom Volksmund liebevoll-schaurig »Blauer Würger« getauft. Die höchst amüsanten und aufschlussreichen Geschichten beleuchten das Alltagsleben in der DDR.

Mehr Informationen erhalten Sie unter www.aufbau-verlag.de
oder in Ihrer Buchhandlung

STEPHEN FRY
Columbus war ein Engländer
Geschichte einer Jugend
Aus dem Englischen
von Georg Deggerich
448 Seiten. Mit 17 Abb.
ISBN 978-3-7466-2488-4

»Zum In-die-Hose-Machen komisch.« SÜDDEUTSCHE ZEITUNG

Als 7-Jähriger wurde Stephen Fry aufs Internat geschickt. Er überlebte Prügel, Heimweh, Liebeskummer, Entjungferung, Schulverweise und einen Selbstmordversuch. Sein Leben scheint gescheitert, als er mit 18 wegen Diebstahls und Scheckbetrugs im Gefängnis landet. – Der englische Filmstar und Kultautor erzählt seine Kindheit und Jugend wie einen Roman: bestürzend, zärtlich und rücksichtslos ehrlich.

»Fry ist ein Unterhalter im besten Sinn, ausgestattet mit einem feinen, niemals bösartigen Sinn für Humor, der die Quintessenz des Englischen augenzwinkernd zum Ausdruck bringt.«
FRANKFURTER ALLGEMEINE ZEITUNG

Mehr Informationen erhalten Sie unter www.aufbau-verlag.de
oder in Ihrer Buchhandlung

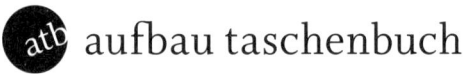

JEAN G. GOODHIND
Mord ist auch eine Lösung
Honey Driver ermittelt
Kriminalroman
Aus dem Englischen
von Ulrike Seeberger
304 Seiten
ISBN 978-3-7466-2727-4
Auch als ebook erhältlich

Mordskomisch und mysteriös

Der angesagte Innenarchitekt Philippe Fabiére, der Honeys Drivers Hotel ein neues Gesicht verleihen soll, wird ermordet. Zum Glück in einem anderen Hotel. Waren seine Kollegen wirklich so neidisch auf seine tollen Ideen? Oder war bei Philippes Antiquitätenhandel nicht alles ganz legal?
Ein neuer Fall für die Hotelbesitzerin Honey Driver und Steve Doherty, ihren charmanten Begleiter.

»Eine moderne Miss Marple in bester britischer Krimitradition« FÜR SIE

**Mehr Informationen erhalten Sie unter www.aufbau-verlag.de
oder in Ihrer Buchhandlung**

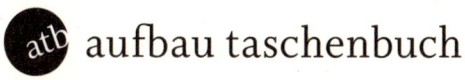

atb aufbau taschenbuch